Viktor E. Frankl

Grundkonzepte der Logotherapie

Viktor E. Frankl

Grundkonzepte der Logotherapie

Ins Deutsche übersetzt von Franz Vesely

facultas

Viktor E. Frankl (1905–1997), Neurologe und Psychiater, Begründer der Logotherapie und Existenzanalyse, der „Dritten Wiener Schule der Psychotherapie"

Bibliografische Information der Deutschen Nationalbibliothek

Die Deutsche Nationalbibliothek verzeichnet diese Publikation in der Deutschen Nationalbibliografie; detaillierte bibliografische Daten sind im Internet über http://dnb.d-nb.de abrufbar.

facultas Universitätsverlag, Stolberggasse 26, 1050 Wien
Österreich

Umschlagfoto: © IMAGNO/Viktor Frankl Archiv
Lektorat: Mag. Verena Hauser, www.schreibgut.at
Satz: Wandl Multimedia-Agentur
Einbandgestaltung: Facultas Verlags- und Buchhandels AG
Druck und Bindung: Facultas Verlags- und Buchhandels AG
Printed in Austria
ISBN 978-3-7089-1227-1 (Print)

eISBN 978-3-99030-400-6 (epub)
eISBN 978-3-99030-401-3 (pdf)

VORWORT

Es muss in den Achtzigerjahren des letzten Jahrhunderts gewesen sein, da fragte mich Viktor Frankl einmal, ob sein Schreibstil eigentlich noch den modernen Lesegewohnheiten entspräche. Ich hielt ihm entgegen, dass gerade die geschliffenen Formulierungen „eines Intellektuellen aus einer besseren Zeit“ ein ganz besonderes Lesevergnügen bereiteten. Zunächst mussten wir beide darüber lachen, dass ich die Periode zwischen den Weltkriegen als gute Zeit bezeichnete, aber dann akzeptierte er lächelnd diese Charakterisierung; ich hatte natürlich die intensive geistige Atmosphäre im Wien der Zwischenkriegszeit gemeint.

Dreißig Jahre später stehe ich nun vor der heiklen Aufgabe, einen Text Frankls, den dieser im Jahr 1958 auf Englisch verfasst hat, ins Deutsche – in sein Deutsch? – rückzuübersetzen. Selbst wenn meine Feder, oder mein Keyboard, so flexibel wäre, dass ich den Schreibstil Frankls aus den Fünfzigerjahren – seine Schriftstellerkarriere dauerte immerhin von 1924 bis 1997 – imitieren könnte: Soll ich ihn tatsächlich nachschreiben, oder ist es besser, den Inhalt des Kapitels „Logotherapy in a Nutshell“ in modernes Deutsch zu übertragen?

Zum Glück gibt es da ein Grundprinzip in Frankls Werk, das über allen zeitgebundenen stilistischen Details steht: die gedankliche und sprachliche Sorgfalt. Er selbst sagte ja von sich, dass er oft Stunden oder Tage damit zubringe, einen einzigen Satz so zu formulieren, dass nichts mehr daran zu verbessern wäre. Ich musste mich also vor allem um gedankliche Genauigkeit bemühen; Wortwahl und Syntax müssten dann von selbst „erfolgen“.

Auch hatte Frankl seine Ideen doch zuallererst, und später wiederholt, in deutscher Sprache niedergeschrieben, sodass ich beim Übersetzen häufig auf eine von ihm selbst gewählte Formulierung zurückgreifen konnte. Schließlich fand ich noch Unterstützung durch Alexander Batthyány, der als Herausgeber der „Gesammelten Schriften" in Frankls Gedanken und Schreibweise besonders gut eingelesen ist.

Franz J. Vesely

INHALTSVERZEICHNIS

EINLEITUNG

Der Doppelbegriff „Logotherapie und Existenzanalyse“ bezeichnet die Gesamtheit der Frankl'schen Konzepte. Er umfasst einerseits die theoretischen – epistemologischen und anthropologischen – Grundlagen, andererseits die daraus entwickelten Anleitungen zur praktischen psychotherapeutischen Intervention. Frankl selbst verwendete das vollständige Begriffspaar vor allem dann, wenn er sich an Fachkollegen in der Psychiatrie und Neurologie wandte; in seinen populären Schriften und Vorträgen dagegen sprach er oft nur von „Logotherapie“. Ein Beispiel dafür ist die Kurzdarstellung seines therapeutischen Ansatzes, die er als Anhang zu dem Buch „Man's Search for Meaning“ verfasste. Wie er selbst schrieb, ist es „ein beinahe hoffnungsloses Unterfangen, den Lesern auf so engem Raum das Material nahezubringen, für das im Deutschen zwanzig Bücher nötig waren“. Trotzdem stellte er sich dieser Aufgabe, und so entstand das Kapitel „Basic Concepts of Logotherapy“, das in späteren Auflagen in „Logotherapy in a Nutshell“ umbenannt wurde. Er hielt es aber nie für nötig, oder fand nie die Zeit, eine ähnlich kurze Darstellung seiner Theorie und der auf ihr beruhenden Methoden auch im Deutschen zu publizieren. Wollte sich jemand über Logotherapie und Existenzanalyse informieren, dann verwies er, je nach Vorbildung und Profession des Fragenden, auf das eine oder andere seiner Werke.

Nun aber ist das Zeitalter von Google und Wikipedia, von „Philosophie für Dummies“ und How-to-Büchern aller Art angebrochen. Die Gefahr ist groß, dass interessierte Leser durch das Studium solcher Sekundär- und Tertiärliteratur mit Halbinformationen abgefertigt werden und gar nicht an den Kern der Frankl'schen Ideen gelangen.

Da ist es sicherlich von Nutzen, wenn es neben Frankls Werken mit ihren ausführlichen Darlegungen auch noch einen von ihm selbst verfassten konzisen und prägnanten, dabei aber authentischen Text gibt, der die wichtigsten Gedanken auf engem Raum zusammenfasst. Aus dieser Überlegung entstand der Plan, die „Basic Concepts“ ins Deutsche zu übertragen. Diese Übersetzung bildet das erste Kapitel des vorliegenden Buches.

Der zweite Teil führt uns zurück in die Anfangszeit des Frankl'schen Opus. Der Aufsatz „Zur geistigen Problematik der Psychotherapie“, der 1938 in einem deutschsprachigen Fachjournal erschien, bildet ein interessantes Gegenstück zu dem viel später – zwanzig Jahre und eine Weltkatastrophe später! – verfassten Grundriss der Logotherapie.

Es war dies die erste Publikation, in der Frankl die Begriffe „Logotherapie“ und „Existenzanalyse“ verwendete; allerdings hatte er schon lange davor in Vorträgen „eine Art Logotherapie“ gefordert. Elf Jahre waren vergangen, seit Frankl, nicht ganz freiwillig, die Individualpsychologische Gesellschaft verlassen hatte. Elf Jahre, in denen er in eigener Praxis, vor allem aber als Leiter des großen „Selbstmörderinnen-Pavillons“ am Wiener Psychiatrischen Krankenhaus einen immensen Schatz an praktischen Erfahrungen sammeln konnte. Die Ideen, die zum Bruch mit Alfred Adler geführt hatten, bewährten und konkretisierten sich in diesen „Lehrjahren eines Arztes“, wie Frankl diese Zeit selbst einmal nannte. Und nun war er bereit, diese Konzepte der Kollegenschaft vorzulegen.

GRUNDKONZEPTE DER LOGOTHERAPIE*

Die Leser meiner kurzen autobiographischen Erzählung fragen häufig nach einer ausführlicheren und konkreten Darlegung meiner therapeutischen Grundsätze. Daher fügte ich der Originalausgabe von „From Death Camp to Existentialism" [ursprünglicher Titel von „Man's Search for Meaning"; Anm. d. Übers.] einen kurzen Abschnitt über Logotherapie bei. Dies reichte jedoch nicht aus, und ich wurde mit Nachfragen nach einer eingehenderen Erläuterung überschüttet. Daher habe ich für die vorliegende Ausgabe meine Darstellung vollständig überarbeitet und wesentlich erweitert.

Das war keine leichte Aufgabe. Es ist ein beinahe hoffnungsloses Unterfangen, den Lesern auf so engem Raum das Material nahezubringen, für das im Deutschen zwanzig Bücher nötig waren. Ich muss an jenen amerikanischen Arzt denken, der einmal in meine Wiener Praxis kam und mich fragte: „Nun, Herr Doktor, sind Sie ein Psychoanalytiker?" Worauf ich antwortete: „Nicht gerade ein Psychoanalytiker; sagen wir, ein Psychotherapeut." Da fragte er weiter: „Zu welcher Schule zählen Sie sich denn?", und ich antwortete: „Es ist meine eigene Theorie; sie heißt *Logotherapie.*" – „Können Sie mir in einem Satz sagen, was man unter Logotherapie versteht", fragte er, „oder zumindest, worin der Unterschied zwischen Psychoanalyse und Logotherapie besteht?" – „Ja", sagte ich, „aber zuerst müssen *Sie* mir in einem Satz sagen, worin Ihrer Meinung nach das Wesen der Psychoanalyse liegt." Seine Antwort war: „Bei einer Psychoanalyse muss sich

* Dieser Text erschien ursprünglich unter dem Titel „Basic Concepts of Logotherapy" in der Ausgabe 1962 von *Man's Search for Meaning.*

der Patient auf eine Couch legen und Dinge sagen, die auszusprechen manchmal sehr unangenehm ist." Woraufhin ich ihm umgehend antwortete: „Sehen Sie, in der Logotherapie darf der Patient aufrecht sitzen bleiben, aber dafür muss er sich Dinge anhören, die zu hören manchmal sehr unangenehm ist."

Das war natürlich scherzhaft gemeint und sollte keine wirkliche Kurzdarstellung der Logotherapie sein. Aber es ist schon etwas Wahres daran, insofern als die Logotherapie im Vergleich zur Psychoanalyse weniger *retrospektiv* und weniger *introspektiv* ist. Die Logotherapie ist vielmehr auf die Zukunft ausgerichtet, nämlich auf die Sinnmöglichkeiten, die den Patienten in seiner Zukunft erwarten. Die Logotherapie ist eine sinnzentrierte Psychotherapie. Zugleich wendet sie sich und den Patienten ab von all den Zirkel- und Rückkopplungsmechanismen, die bei der Entstehung von Neurosen eine so große Rolle spielen. Auf diese Weise wird die typische Selbstzentriertheit des Neurotikers aufgebrochen, statt dass sie fortwährend genährt und verstärkt wird.

Gewiss, eine solche Aussage ist zu sehr vereinfacht; tatsächlich aber wird der Patient in der Logotherapie mit dem Sinn seines Lebens konfrontiert und auf diesen neu hingelenkt; und dadurch, dass ihm dieser Sinn bewusst gemacht wird, wird seine Fähigkeit gestärkt, seine Neurose zu überwinden.

Zunächst möchte ich erklären, warum ich den Begriff „Logotherapie" als Bezeichnung für meine Theorie gewählt habe. Das griechische Wort *logos* bedeutet „Sinn". Die Logotherapie, oder – wie sie von manchen Autoren genannt wird – die „Dritte Wiener Schule der Psychotherapie", stellt den Sinn der menschlichen Existenz in den Mittelpunkt sowie die Suche des Menschen nach einem solchen Sinn. Nach Auffassung der Logotherapie stellt das

Bestreben, einen Sinn im Leben zu finden, die primäre Motivation im Menschen dar. Das ist der Grund, weshalb ich von einem *Willen zum Sinn* spreche – im Gegensatz zum Lustprinzip (oder, wie wir es eben auch nennen könnten, dem *Willen zur Lust*), das im Mittelpunkt der Freud'schen Psychoanalyse steht, im Gegensatz aber auch zu dem *Willen zur Macht*, mit dem sich die adlerianische Psychologie unter dem Begriff „Geltungsstreben" beschäftigt.

Der Wille zum Sinn

Die Suche nach Sinn ist die primäre Motivation im Leben des Menschen und nicht etwa eine „sekundäre Rationalisierung“ instinkthafter Triebe. Dieser Sinn ist einmalig und einzigartig, insoferne er nur von diesem einen Menschen verwirklicht werden kann und muss; nur dann kann dieser Sinn jene Bedeutung erhalten, durch die er den individuellen *Willen* zum Sinn erfüllen kann. Es gibt Autoren, die behaupten, Sinn und Werte seien „nichts anderes als Abwehrmechanismen, Reaktionsmuster und Sublimierungen“. Was aber mich anlangt, wäre ich nicht bereit, nur für meine „Abwehrmechanismen“ zu leben, noch weniger wäre ich willens, nur für meine „Reaktionsmuster“ zu sterben. Der Mensch ist aber fähig, für seine Ideale und Werte zu leben, ja sogar für sie zu sterben!

In einer Umfrage, die vor einigen Jahren in Frankreich durchgeführt wurde, vertraten 89 Prozent der Befragten die Meinung, dass der Mensch „etwas“ braucht, für das es sich zu leben lohnt. Außerdem meinten 61 Prozent, dass es in ihrem Leben etwas oder jemanden gebe, für das oder den sie sogar zu sterben bereit wären. Ich habe diese Befragung in meiner Krankenhausabteilung in Wien wiederholt, und das Ergebnis war praktisch dasselbe wie unter den Tausenden Menschen, die in Frankreich befragt worden waren; der Unterschied betrug nur 2 Prozent.

Eine weitere statistische Untersuchung wurde von Sozialwissenschaftlern der Johns Hopkins University an 7948 Studenten aus 48 Universitäten durchgeführt. Ihr vorläufiger Bericht ist Teil einer zweijährigen Studie, die vom National Institute of Mental Health gesponsert wurde. Auf die Frage, was für sie „sehr wichtig“ sei, antworteten 16 Prozent der Studenten: „Viel Geld zu verdienen“;

78 Prozent aber sagten, dass es ihr oberstes Ziel sei, „einen Sinn und eine Aufgabe in ihrem Leben zu finden“.

Es mag natürlich Fälle geben, in denen die Beschäftigung mit Werten tatsächlich nur eine Tarnung für versteckte innere Konflikte darstellt; aber wenn dem so ist, dann sind dies nur die Ausnahmen von der Regel und keineswegs die Regel selbst. In solchen Fällen haben wir es in Wahrheit nur mit Pseudowerten zu tun, und diese sind als solche zu entlarven. Die Entlarvung muss aber dort aufhören, wo wir dem begegnen, was im Menschen authentisch und echt ist, zum Beispiel mit der Sehnsucht des Menschen nach einem Leben, das so sinnvoll wie möglich sein soll. Wenn sie an dieser Stelle nicht aufhört, dann ist das Einzige, was der „aufdeckende Psychologe“ wirklich aufdeckt, sein eigenes „verborgenes Motiv“ – nämlich sein unbewusstes Bestreben, alles zu erniedrigen und zu entwerten, was im Menschen echt, was echt menschlich ist.

Existentielle Frustration

Der menschliche Wille zum Sinn kann auch frustriert werden, in welchem Fall die Logotherapie von „existentieller Frustration“ spricht. Der Ausdruck „existentiell“ kann auf drei Arten verwendet werden: Er kann sich (1) auf die *Existenz* selbst beziehen, das heißt auf die spezifisch menschliche Seinsweise; oder (2) auf den *Sinn* der Existenz; oder (3) auf das Streben, einen konkreten Sinn der eigenen Existenz zu finden, also auf den *Willen* zum Sinn.

Existentielle Frustration kann auch zu einer Neurose führen. Für diese Art von Neurosen hat die Logotherapie den Begriff „noogene Neurosen“ geprägt, im Gegensatz zu Neurosen im traditionellen Sinn des Wortes, also psychogenen Neurosen. Noogene Neurosen haben ihren Ursprung nicht in der psychologischen, sondern in der „noetischen“ (von griechisch „noos“, Geist) Dimension der menschlichen Existenz. Dies ist ein weiterer logotherapeutischer Begriff, der all das bezeichnet, was mit der spezifisch menschlichen Dimension zu tun hat.

Noogene Neurosen

Noogene Neurosen entstehen nicht aus dem Konflikt zwischen Trieben und Instinkten, sondern aus existentiellen Problemen. Unter diesen Problemen spielt die Frustration des Willens zum Sinn eine wichtige Rolle.

Es ist klar, dass bei Fällen von noogener Neurose die übliche, allgemeine Psychotherapie keine angemessene und adäquate Therapie sein kann; hier ist eben die Logotherapie angezeigt, eine Therapie also, die es wagt, in die spezifisch menschliche Dimension vorzudringen.

Lassen Sie mich das an folgendem Beispiel zeigen: Ein hochrangiger amerikanischer Diplomat kam in meine Wiener Praxis, um die psychoanalytische Behandlung fortzusetzen, die er vor fünf Jahren bei einem New Yorker Analytiker begonnen hatte. Ich fragte ihn zunächst, warum er glaube, eine Psychoanalyse zu brauchen, warum überhaupt eine Analyse begonnen worden sei. Es stellte sich heraus, dass der Klient mit seinem Beruf unzufrieden war und Schwierigkeiten hatte, sich mit der amerikanischen Außenpolitik zu identifizieren. Sein Psychoanalytiker aber hatte ihm wieder und wieder eingeschärft, er solle versuchen, sich mit seinem Vater zu versöhnen. Die amerikanische Regierung und seine Vorgesetzten seien nämlich „nichts anderes als" Repräsentationen seiner Vaterimago, und die Unzufriedenheit mit seinem Job sei daher durch den unbewussten Hass auf seinen Vater begründet.

Im Laufe der seit fünf Jahren andauernden Analyse hatte der Patient nach und nach die Interpretationen seines Analytikers übernommen, bis er am Ende „den Wald vor lauter Bäumen nicht mehr sehen" konnte – den Wald der Realität nämlich, vor lauter Symbolen und Bildern. Nach einigen Sitzungen wurde klar, dass sein Wille zum Sinn durch seinen Beruf frustriert war und dass er sich in Wahrheit nach einer anderen Tätigkeit sehnte. Da ihn nichts daran hinderte, seinen Beruf aufzugeben und eine andere Beschäftigung zu suchen, tat er dies, und zwar mit äußerst befriedigenden Ergebnissen. Wie er mir vor kurzem berichtete, übt er nun seit mehr als fünf Jahren in voller Zufriedenheit seine neue Tätigkeit aus. Ich bezweifle, dass es sich in seinem Fall überhaupt um eine neurotische Störung handelte, und deshalb hielt ich eine Psychotherapie, sogar eine Logotherapie, eigentlich für unnötig, aus dem einfachen Grund, dass er in Wirklichkeit gar kein Patient war. Nicht jeder Konflikt ist nämlich notwendigerweise neurotisch; ein gewisses Maß an Konflikten und Spannungen ist normal und gesund. Ebenso ist auch Leid nicht immer ein pathologisches Phänomen; Leid kann, statt das Symptom einer Neurose zu sein, sogar eine menschliche Leistung darstellen, vor allem dann, wenn es aus einer existentiellen Frustration entsteht. Ich bin absolut nicht der Meinung, dass die Suche eines Menschen nach dem Sinn seines Daseins – oder auch sein Zweifel an einem solchen Sinn – in jedem Fall aus irgendeiner Krankheit heraus entsteht oder zur Krankheit führen muss. Existentielle Frustration ist an und für sich weder pathologisch noch pathogen. Die Frage eines Menschen um die Sinnhaftigkeit seines Daseins, oder sogar die Verzweiflung an einem solchen Sinn, ist eine *existentielle Not*, aber keinesfalls eine *Geisteskrankheit*. Es kann durchaus geschehen, dass ein Arzt, der dies nicht erkennt, die existentielle Verzweiflung seines Patienten unter einem Berg von Beruhigungspillen begräbt. Seine Aufgabe ist es aber vielmehr, den Patienten durch die existentiellen Krisen des Wachstums und der Entwicklung zu führen und zu geleiten.

Die Logotherapie sieht ihre Aufgabe darin, den Patienten bei der Suche nach einem Lebenssinn zu unterstützen.

Insofern als die Logotherapie ihm den verborgenen *Logos* seiner Existenz bewusst macht, ist dies ein analytischer Prozess. In dieser Hinsicht ähnelt die Logotherapie der Psychoanalyse. Jedoch beschränkt sie sich bei dem Versuch, etwas wieder ins Bewusstsein zu bringen, nicht auf die *instinkthaften* Tatsachen im Unbewussten, vielmehr kümmert sie sich auch um die *existentiellen* Inhalte, wie etwa die Sinnmöglichkeiten, die der Mensch in seinem Dasein verwirklichen kann, wie auch um seinen Willen zum Sinn. Jede Analyse, selbst wenn sie die noetische Dimension aus dem therapeutischen Prozess ausklammert, versucht ja, dem Patienten das bewusst zu machen, wonach er in seinem Innersten strebt. Die Logotherapie unterscheidet sich von der Psychoanalyse insofern, als sie den Menschen als ein Wesen ansieht, dem es vor allem um Sinnerfüllung geht, und nicht in erster Linie um die Befriedigung von Trieben und Instinkten, oder nur um das Gleichgewicht zwischen den gegensätzlichen Forderungen von Es, Ich und Über-Ich, oder um die bloße Anpassung und Angleichung an Gesellschaft und Umwelt.

Noodynamik

Gewiss kann das menschliche Sinnbedürfnis zu innerer Spannung führen statt zu innerem Gleichgewicht. Aber gerade eine solche Spannung ist eine unentbehrliche Voraussetzung für die seelische Gesundheit. Es gibt nichts auf der Welt, wage ich zu behaupten, das einen Menschen so sehr befähigt, selbst die schlimmsten Bedingungen zu überleben, als das Bewusstsein, eine Aufgabe im Leben zu haben. Es ist viel Weisheit in den Worten Nietzsches: „Wer ein *Warum* zu leben hat, erträgt fast jedes *Wie*." Ich sehe in diesen Worten einen Grundsatz, der für jede Psychotherapie gültig ist. In den Konzentrationslagern der Nazis zeigte sich immer wieder, dass diejenigen am ehesten überlebten, die um eine Aufgabe wussten, die auf sie wartete. Zu demselben Schluss sind seither auch andere Autoren gelangt, die über Konzentrationslager schrieben – wie auch die Verfasser von psychiatrischen Arbeiten über japanische, nordkoreanische und nordvietnamesische Kriegsgefangenenlager.

Was mich selbst betrifft, so wurde ein Buchmanuskript, das ich schon zur Veröffentlichung vorbereitet hatte, bei meiner Einlieferung ins KZ konfisziert.[1] Ich habe keinen Zweifel daran, dass mein tiefer Wunsch, dieses Manuskript neuerlich niederzuschreiben, mir geholfen hat, die Entbehrungen in den Lagern zu überleben. Als ich in einem Lager in Bayern an Typhus erkrankte, kritzelte ich auf kleine Zettelchen Notizen, die mir helfen sollten, das Manuskript wiederherzustellen, sollte ich denn den Tag der Befreiung erleben. Ich bin sicher, dass diese

[1] Es handelte sich um das Urmanuskript meines ersten Buches, *Ärztliche Seelsorge. Grundlagen der Logotherapie und Existenzanalyse,* das nach dem Krieg bei Franz Deuticke (Wien 1946) erschien.

Rekonstruktion meines verlorenen Buchmanuskripts in der nachtdunklen Baracke eines bayrischen Konzentrationslagers mir half, der Gefahr eines Gefäßkollapses zu entgehen.

Es ist ganz offenbar so, dass seelische Gesundheit auf einem gewissen Grad von Spannung beruht, der Spannung zwischen dem, was man schon erreicht hat, und dem, was man noch erreichen sollte, oder der Kluft zwischen dem, was man ist, und dem, was man werden sollte. Eine solche Spannung zeichnet menschliches Dasein aus und ist daher unentbehrlich für das geistige Wohlbefinden. Aus diesem Grund sollten wir auch nicht zögern, den Menschen mit den Sinnmöglichkeiten zu konfrontieren, die auf ihn warten. Nur so können wir seinen Willen zum Sinn aus seinem latenten Zustand wachrufen. Ich halte es für eine gefährliche Fehlannahme der Psychohygiene, wenn man annimmt, dass der Mensch in erster Linie auf sein inneres Gleichgewicht aus ist oder, wie es die Biologie nennt, auf „Homöostase", also einen spannungsfreien Zustand. Was der Mensch in Wahrheit braucht, ist nicht ein spannungsfreier Zustand, sondern das Streben und das Ringen um ein würdiges Ziel, eine frei gewählte Aufgabe. Was er braucht, ist nicht die Auflösung von Spannung um jeden Preis, sondern der Anruf eines möglichen Sinns, der darauf wartet, von ihm erfüllt zu werden. Was der Mensch braucht, ist nicht Homöostase, sondern das, was ich als „Noodynamik" bezeichne, nämlich die existentielle Dynamik in einem polaren Spannungsfeld, in dem der eine Pol in einem Sinn besteht, den es zu erfüllen gilt, und der andere Pol in der Person, die ihn zu erfüllen hat. Und man darf nicht glauben, dass dies nur unter normalen Bedingungen gelte; gerade bei neurotischen Personen gilt es in besonderem Maße. Wenn Architekten einen baufälligen Gewölbebogen verstärken wollen, dann *erhöhen* sie die Last, die auf den Bogen wirkt, denn dadurch werden die Teile fester zusammengefügt. In ähnlicher Weise sollten Therapeuten, die die seelische Gesundheit ihrer Patienten fördern wollen, nicht davor zurückschrecken, durch eine Neuausrichtung auf den individuellen Lebenssinn ein gesundes Maß an Spannung zu erzeugen.

Nachdem ich nun die heilsame Wirkung der Sinnorientierung aufgezeigt habe, wende ich mich dem schädlichen Einfluss jenes Gefühls zu, über das so viele Patienten heute klagen, nämlich des Gefühls der totalen und abgründigen Sinnlosigkeit ihres Lebens. Es fehlt ihnen das Wissen um einen Sinn, für den es sich zu leben lohnt. Sie werden gequält von dem Gefühl ihrer inneren Leere, einer abgrundtiefen Leere in ihrem Inneren. Sie sind gefangen in jenem Zustand, den ich als „existentielles Vakuum" bezeichne.

Das existentielle Vakuum

Das existentielle Vakuum ist ein weitverbreitetes Phänomen unseres Jahrhunderts. Das ist nicht überraschend; es hängt wahrscheinlich mit dem zweifachen Verlust zusammen, den der Mensch erfahren hat, als er zu einem wahrhaft menschlichen Wesen wurde. Am Anfang der Geschichte verlor der Mensch einige seiner animalischen Instinkte, die das Verhalten eines Tieres bestimmen und sein Überleben sichern. Diese Sicherheit ist ihm nun, wie das Paradies, für immer versagt: Der Mensch muss selbst Entscheidungen treffen. Dazu aber kommt ein weiterer Verlust, der jüngeren Datums ist und der mit dem Schwinden der Traditionen zusammenhängt, die sein Verhalten für lange Zeit stützten und leiteten. Kein Instinkt sagt ihm, was er tun muss, und keine Tradition sagt ihm mehr, was er tun soll; und manchmal weiß er nicht einmal, was er tun will. Stattdessen will er nur das, was die anderen tun – Konformismus –, oder er tut das, was die anderen wollen – Totalitarismus.

Eine kürzlich durchgeführte statistische Untersuchung hat gezeigt, dass unter meinen europäischen Studenten 25 Prozent ein mehr oder weniger stark ausgeprägtes existentielles Vakuum aufwiesen. Unter meinen amerikanischen Studenten waren es nicht 25, sondern 60 Prozent.

Das existentielle Vakuum manifestiert sich vor allem in einem Gefühl der Langeweile. Nun können wir Schopenhauer verstehen, der einmal sagte, die Menschheit sei offensichtlich dazu verdammt, ewig zwischen den beiden Extremen Not und Langeweile hin- und herzupendeln. Tatsächlich ist es die Langeweile, die heute mehr Probleme verursacht und mehr Menschen in die psychiatrischen Ordinationen bringt als die Not. Und diese Probleme werden immer drängender, denn die zunehmende

Automatisierung wird wahrscheinlich zu einem enormen Zuwachs an Freizeit führen, die dem durchschnittlichen Berufstätigen zur Verfügung steht. Das Schlimme ist, dass viele von ihnen nicht wissen werden, was sie mit all dieser neu gewonnenen Freizeit anfangen sollen.

Betrachten wir zum Beispiel die sogenannte „Sonntagsneurose“, also jene Art von Depression, die manche Menschen befällt, wenn die Hast der Arbeitswoche vorbei ist und sie sich der Leere in ihrem Leben bewusst werden. Viele Fälle von Selbstmord lassen sich auf dieses existentielle Vakuum zurückführen. Solch weitverbreitete Phänomene wie Depression, Aggression und Sucht sind nur zu verstehen, wenn wir das zugrunde liegende existentielle Vakuum erkennen. Und das gilt auch für die Pensionierungskrise und das seelische Leid älterer Menschen.

Dazu kommt, dass das existentielle Vakuum oft unter diversen Verkleidungen auftritt. Der frustrierte Wille zum Sinn kann zum Beispiel durch den Willen zur Macht kompensiert werden – einschließlich dessen primitivster Form, des Strebens nach Geld. In anderen Fällen wird der Platz des Sinnstrebens durch den Willen zur Lust eingenommen. So führt die Frustration des Willens zum Sinn häufig zu sexueller Kompensation. In solchen Fällen beobachten wir, dass die sexuelle Libido gleichsam in das existentielle Vakuum hineinwuchert.

Etwas Ähnliches geschieht in neurotischen Fällen. Es gibt gewisse Arten von Rückkopplungsmechanismen und Zirkelformationen, auf die ich später noch zu sprechen kommen werde. Man kann aber wieder und wieder beobachten, dass diese Symptomatologie sich vorzugsweise in ein existentielles Vakuum einnistet und dort üppig gedeiht. In solchen Fällen haben wir es nicht mit einer noogenen Neurose zu tun. Trotzdem werden wir dem Patienten nicht helfen können, aus seiner Neurose herauszufinden, wenn wir nicht die psychotherapeutische Behandlung durch Logotherapie ergänzen. Denn nur durch das Ausfüllen des existentiellen Vakuums wird der Patient in die Lage versetzt, späteren Rückfällen zu begegnen. Aus diesem Grund ist die Logotherapie nicht nur in Fällen noogener Neurosen angezeigt, sondern auch in psychogenen Fällen, und manchmal sogar bei somatogenen (Pseudo-)Neurosen. So erscheint folgende Aussage von Magda B. Arnold durchaus berechtigt: „Jede Therapie muss in irgendeiner Weise, sei es in noch so beschränktem Maße, auch Logotherapie sein."[2]

Überlegen wir nun, was wir tun können, wenn ein Patient uns fragt, was denn der Sinn des Lebens *ist*.

---

2 Magda B. Arnold und John A. Gasson, *The Human Person*, Ronald Press, New York, 1954, p. 618.

Der Sinn des Lebens

Ich bezweifle, dass ein Arzt diese Frage in so allgemeiner Form beantworten könnte. Denn der Sinn des Lebens ist verschieden von Mensch zu Mensch, von Tag zu Tag, ja von Stunde zu Stunde. Worum es geht, ist daher nicht der Sinn des Lebens im Allgemeinen, sondern der spezielle Sinn eines individuellen Lebens in einem bestimmten Moment. Wollte man die Frage so allgemein stellen, dann wäre das so, als würde man einen Schachweltmeister fragen: „Sagen Sie, verehrter Meister, was ist der beste Schachzug der Welt?" Es gibt einfach nicht so etwas wie den besten oder auch nur einen guten Zug, der nicht von der gegebenen Stellung der Figuren im Spiel und der Persönlichkeit des Gegners abhinge. Dasselbe gilt für die menschliche Existenz. Es geht nicht um die Frage nach einem abstrakten Lebenssinn. Jeder hat seine ihm eigene Berufung im Leben, eine konkrete Aufgabe, die darauf wartet, erfüllt zu werden. Darin kann er nicht ersetzt werden, noch kann sein Leben wiederholt werden. Daher ist für jeden Menschen die bestehende sinnvolle Aufgabe ebenso einzigartig wie die ihm gegebene Möglichkeit, diese Aufgabe zu erfüllen.

Da also jede Lebenssituation eine Aufgabe darstellt und den Menschen vor ein Problem stellt, das er zu lösen hat, ist die Frage nach dem Sinn des Lebens eigentlich umzukehren. Letzten Endes sollte der Mensch nicht fragen, was der Sinn des Lebens ist, sondern er muss verstehen, dass er selbst es ist, der gefragt wird. Mit einem Wort, jeder Mensch wird vom Leben gefragt; und er kann dem Leben nur antworten, indem er sein eigenes Leben *ver-antwortet;* dem Leben kann er nur antworten, indem er verantwortlich ist. So sieht die Logotherapie in der Verantwortlichkeit das eigentliche Wesen menschlichen Daseins.

Das Wesen der Existenz

Diese Betonung der Verantwortlichkeit kommt in dem kategorischen Imperativ der Logotherapie zum Ausdruck, der da lautet: „Lebe so, als würdest du schon zum zweiten Mal leben, und als ob du beim ersten Mal alles so falsch gemacht hättest, wie du im Begriff bist, es jetzt zu tun!" Ich glaube, nichts könnte das Verantwortungsgefühl eines Menschen so sehr aktivieren wie diese Maxime, die ihn zunächst dazu auffordert, sich die Gegenwart als vergangen vorzustellen, und ihm dann vor Augen führt, dass diese Vergangenheit immer noch geändert und verbessert werden kann. Diese Vorstellung konfrontiert ihn einerseits mit der *Endlichkeit* seiner Existenz, zugleich aber auch mit der *Endgültigkeit* dessen, was er aus sich und seinem Leben macht.

Die Logotherapie versucht, den Patienten zum vollen Bewusstsein seiner eigenen Verantwortung zu bringen. Daher muss sie ihm selbst die Entscheidung darüber lassen, wofür, wozu oder gegenüber wem er sich verantwortlich fühlt. Deshalb ist der Logotherapeut auch unter allen Psychotherapeuten derjenige, der am wenigsten versucht ist, seinen Patienten Werturteile aufzuzwingen, denn er wird dem Patienten niemals erlauben, die Verantwortung für das Treffen einer Entscheidung dem Arzt zuzuspielen.

Ebenso liegt es am Patienten, zu entscheiden, ob er glaubt, seine Lebensaufgabe gegenüber der Gesellschaft oder vor seinem eigenen Gewissen verantworten zu sollen. Es gibt aber auch Menschen, die ihr Leben nicht nur als Aufgabe auffassen, die sie einfach vorgefunden haben; sie begreifen es vielmehr als einen Auftrag, der ihnen von jemandem erteilt wurde.

Die Logotherapie ist weder belehrend noch predigend. Sie ist von einer logischen Begründung des Lebenssinns ebenso weit entfernt wie von moralistischer Ermahnung. Um es bildlich auszudrücken: Die Rolle des Logotherapeuten ist eher die eines Augenarztes als die eines Malers. Der Maler sucht uns die Welt so zu zeigen, wie er sie sieht; der Ophthalmologe versucht uns in die Lage zu versetzen, die Welt so zu sehen, wie sie wirklich ist. Die Aufgabe des Logotherapeuten besteht darin, das Gesichtsfeld des Patienten zu erweitern und auszudehnen, sodass die gesamte Vielfalt der Sinnmöglichkeiten für ihn sichtbar und bewusst wird.

Wenn ich sage, dass der Mensch verantwortlich ist und den potentiellen Sinn seines Lebens verwirklichen muss, dann will ich damit betonen, dass der wahre Sinn in der Welt gefunden werden muss und nicht innerhalb des Menschen oder seiner Psyche, so als ob es sich dabei um ein geschlossenes System handelte. Ich nenne diesen Wesenszug die „Selbsttranszendenz der menschlichen Existenz“. Das bedeutet, dass menschliches Dasein immer ausgerichtet ist auf etwas oder auf jemanden, das bzw. der nicht wieder man selbst ist – sei es auf einen Sinn, den es zu erfüllen gilt, oder auf einen anderen Menschen, dem man begegnet. Je mehr man sich selbst vergisst – indem man sich einer Sache hingibt oder einem Menschen, den man liebt –, desto mehr ist man Mensch und desto mehr verwirklicht man sich selbst. Das, was als Selbstverwirklichung bezeichnet wird, ist keinesfalls ein Ziel, das man anstreben kann, aus dem einfachen Grund, dass man es in dem Maße, in dem man es anstrebt und anpeilt, auch schon verfehlt. Mit anderen Worten: Selbstverwirklichung ist nur als ein Nebeneffekt der Selbsttranszendenz möglich.

Die bisherigen Überlegungen haben gezeigt, dass der Sinn des Lebens sich ständig ändert, dass er aber niemals aufhört zu existieren. Nach Auffassung der Logotherapie können wir diesen Sinn auf drei Arten entdecken: (1) indem wir ein Werk schaffen oder eine Tat setzen; (2) indem wir etwas erleben oder jemandem begegnen; und (3) durch die Haltung, die wir gegenüber unabänderlichem Leid einnehmen. Der erste Weg, der des Schaffens oder der Leistung, muss nicht weiter erklärt werden. Die anderen beiden Wege zum Sinn bedürfen einer genaueren Erörterung.

Der zweite Weg, einen Lebenssinn zu finden, ist die Begegnung mit etwas – mit menschlicher Güte, mit Wahrheit, mit Schönheit, das Erleben von Natur oder Kunst –, oder aber mit jemandem, indem man einen anderen Menschen in seiner Einzigartigkeit erlebt und wahrnimmt – das heißt, indem man ihn liebt.

Der Sinn der Liebe

Liebe ist die einzige Möglichkeit, ein anderes menschliches Wesen im innersten Kern seiner Persönlichkeit zu begreifen. Das wahre Wesen eines anderen Menschen kann man nur dann ganz erfassen, wenn man ihn liebt. Durch die Liebe wird man dazu befähigt, die wesentlichen Züge und Eigenheiten der geliebten Person wahrzunehmen – ja noch mehr: Man kann das sehen, was als noch unverwirklichte, aber verwirklichungswürdige Möglichkeit in dem anderen Menschen liegt. Ein Mensch, der liebt, ermöglicht der geliebten Person, diese Potentiale umzusetzen. Dadurch, dass er dem anderen zeigt, was er sein könnte und werden sollte, verwandelt er diese Möglichkeiten in Wirklichkeiten.

In der Logotherapie wird Liebe nicht als bloßes Epiphänomen[3] der sexuellen Triebe und Instinkte verstanden, im Sinne der sogenannten Sublimation. Liebe ist ein ebenso ursprüngliches Phänomen wie Sex. Normalerweise ist der Geschlechtsverkehr ein Ausdruck von Liebe. Sex ist angebracht, ja sogar geheiligt, sobald er, aber auch nur solange er ein Mittel der Liebe ist. Liebe ist also nicht ein bloßer Nebeneffekt des Geschlechtlichen; vielmehr ist Sex ein Ausdruck für das Erlebnis jener äußersten Gemeinsamkeit, die wir Liebe nennen.

Der dritte Weg, um im Leben einen Sinn zu finden, eröffnet sich im Leiden.

---

[3] Ein Phänomen, das als Resultat eines primären Phänomens auftritt

Der Sinn des Leidens

Wir müssen uns bewusst sein, dass wir auch dann noch einen Sinn im Leben finden können, wenn wir mit einer hoffnungslosen Situation konfrontiert sind, wenn wir einem unabänderlichen Schicksal gegenüberstehen. Dann kommt es darauf an, dass wir Zeugnis ablegen für die menschlichste aller Fähigkeiten, nämlich die, eine persönliche Tragödie in einen Triumph zu verwandeln, aus einem leidvollen Schicksal eine menschliche Leistung zu machen. Wenn wir nicht mehr in der Lage sind, eine Situation zu ändern – man denke an eine unheilbare Krankheit, etwa einen inoperablen Krebs –, dann sind wir aufgerufen, uns selbst zu ändern.

Lassen Sie mich ein prägnantes Beispiel erwähnen: Ich wurde einmal von einem älteren Kollegen, einem praktischen Arzt, aufgesucht, der an einer schweren Depression litt. Er konnte den Verlust seiner Frau nicht verwinden, die zwei Jahre zuvor gestorben war und die er über alles geliebt hatte. Wie konnte ich ihm helfen? Was konnte ich ihm sagen? Nun, ich sagte ihm gar nichts, sondern ich stellte ihm folgende Frage: „Was, Herr Kollege, wäre geschehen, wenn Sie zuerst gestorben wären und wenn Ihre Frau ohne Sie hätte weiterleben müssen?" – „Ach", sagte er, „das wäre schrecklich für sie gewesen; wie hätte sie leiden müssen!" Worauf ich erwiderte: „Sehen Sie, Herr Doktor, dieses Leid ist ihr erspart geblieben, und Sie sind es, der ihr dieses Leid erspart hat – um den Preis, dass Sie sie überleben mussten und sie nun betrauern müssen." Er sprach kein Wort, sondern schüttelte mir die Hand und ging ruhig aus meiner Praxis. In einer gewissen Weise hört Leid auf, Leiden zu sein, wenn sich darin ein Sinn findet, zum Beispiel der Sinn eines Opfers.

Natürlich war dies keine Therapie im eigentlichen Sinn, erstens deshalb, weil seine Verzweiflung keine Krankheit war, und zweitens, weil ich sein Schicksal nicht ändern konnte; ich konnte ja seine Frau nicht wieder lebendig machen. Aber es war mir in diesem Augenblick gelungen, seine *Einstellung* zu seinem unabänderlichen Schicksal zu verändern, indem er von nun an zumindest einen Sinn in seinem Leiden erkennen konnte. Es ist eine der Grundideen der Logotherapie, dass das menschliche Streben nicht primär darauf gerichtet ist, sich Genuss zu verschaffen oder Schmerz zu vermeiden, sondern darauf, einen Sinn im Leben zu finden. Aus diesem Grund ist der Mensch sogar bereit, Leid auf sich zu nehmen, sofern dieses Leid einen Sinn hat.

Wir wollen festhalten, dass Leiden keinesfalls dazu *nötig* ist, einen Sinn zu finden. Ich bin jedoch davon überzeugt, dass Sinn auch trotz Leiden möglich ist – immer vorausgesetzt, dass das Leiden unvermeidbar ist. Wäre es vermeidbar, dann wäre der sinnvolle Weg, die Ursache des Leidens zu beheben, gleichgültig, ob die Ursache eine psychologische, eine biologische oder eine politische ist. Unnötiges Leid auf sich zu nehmen ist nicht Heroismus, sondern Masochismus.

Edith Weisskopf-Joelson, bis zu ihrem Tod Professorin für Psychologie an der University of Georgia, weist in ihrem Artikel über Logotherapie darauf hin, dass „unsere heutige Psychohygiene die Idee in den Vordergrund stellt, dass die Leute glücklich zu sein haben, dass Unglücklichsein ein Symptom einer Anpassungsstörung sei. Ein solches Wertesystem mag die Ursache dafür sein, dass die Bürde des unvermeidbaren Unglücks noch vergrößert wird durch das Unglücklichsein darüber, dass man unglücklich ist."[4] Und in einem anderen Artikel äußert sie die Hoffnung, dass die Logotherapie „mithelfen könne, gewissen ungesunden Tendenzen in der gegenwärtigen Kultur der USA entgegenzuwirken, in der dem unheilbar Leidenden wenig Gelegenheit geboten wird, sein Leid stolz zu tragen und dieses sein Leid nicht als erniedrigend, sondern vielmehr als adelnd wahrzunehmen", sodass „er nicht nur unglücklich ist, sondern sich seines Unglücks auch noch schämt."[5]

Es gibt Situationen, in denen man nicht in der Lage ist, seine Arbeit zu tun oder sein Leben zu genießen, sodass einem die ersten beiden Wege zur Sinnerfüllung versperrt sind. Was aber immer bestehen bleiben wird, ist die Unabänderlichkeit des Leids. Indem wir die Herausforderung annehmen, das Leiden tapfer auf uns zu nehmen, behält das Leben bis zum letzten Augenblick einen Sinn, und es behält diesen Sinn buchstäblich bis zum Ende. Mit anderen Worten: Der Sinn des Lebens ist ein bedingungsloser, denn er umfasst sogar den möglichen Sinn eines unabänderlichen Leidens.

Ich erinnere mich an einen Vorfall, der vielleicht das tiefste Erlebnis war, das ich im Konzentrationslager hatte. Die Chancen, das Lager zu überleben, waren ja nicht mehr als eins zu achtundzwanzig, wie sich aus den Statistiken ablesen lässt. Es erschien weder möglich und noch weniger wahrscheinlich, dass das Manuskript meines ersten Buches, das ich bei meiner Ankunft in Auschwitz im Futter meines Mantels versteckt hatte, jemals wiederhergestellt und veröffentlicht werden konnte. So hatte ich

---

4 „Some Comments on a Viennese School of Psychiatry", *The Journal of Abnormal and Social Psychology,* Vol. 51 (1955), pp. 701–703.

5 „Logotherapy and Existential Analysis", *Acta Psychotherapeutica,* Vol. 6 (1958), pp. 193–204.

also den Verlust meines geistigen Kindes zu erleiden und zu verwinden. Und es schien, als würde nun nichts und niemand mich überleben – weder ein körperliches noch ein geistiges Kind! Ich stand der Frage gegenüber, ob mein Leben unter diesen Umständen nicht letzten Endes vollkommen sinnlos sei.

Noch ahnte ich nicht, dass eine Antwort auf diese mir qualvolle Frage schon bereitlag und mir nun bald gegeben werden sollte. Dies geschah, als ich meine Kleider weggeben musste und an ihrer Stelle die abgewetzten Lumpen eines Häftlings erhielt, der gleich nach seiner Ankunft an der Bahnhofsrampe von Auschwitz in die Gaskammer gebracht worden war. Anstelle meiner Manuskriptblätter fand ich in dem mir zugewiesenen Mantel eine einzige Seite, die aus einem hebräischen Gebetsbuch herausgerissen war und die das wichtigste jüdische Gebet enthielt, das *Sch'ma Jisrael*. Wie hätte ich einen solchen „Zufall" anders interpretieren sollen denn als Aufforderung, meine Gedanken auch zu leben, statt sie bloß zu Papier zu bringen?

Ich erinnere mich, dass es mir einige Zeit später sicher schien, dass ich bald sterben müsste. Aber in dieser kritischen Lage war meine Sorge eine andere als die der meisten meiner Kameraden. Ihre Frage war: „Werden wir das Lager überleben? Denn wenn nicht, dann hat all dieses Leid keinen Sinn." Die Frage, die mich bedrückte, lautete dagegen: „Hat all dieses Leiden, dieses Sterben um uns einen Sinn? Denn wenn nicht, dann hat auch das Überleben letzten Endes keinen Sinn. Ein Leben, dessen Sinn mit einem solchen Zufall steht und fällt wie dem, ob man davonkommt oder nicht – ein solches Leben wäre es schon im Vorhinein nicht wert, gelebt zu werden."

Metaklinische Probleme

Wir Psychiater werden heutzutage immer öfter von Patienten aufgesucht, die an uns eher mit menschlichen Problemen als mit neurotischen Symptomen herantreten. Manche von jenen, die heute einen Psychiater konsultieren, wären früher zu einem Pastor, einem Priester oder Rabbi gegangen. Nun aber lehnen sie es oft ab, an einen Geistlichen verwiesen zu werden, und konfrontieren stattdessen den Arzt mit Fragen wie: „Was ist der Sinn meines Lebens?“

Ein Logodrama

Als Beispiel möchte ich folgenden Fall heranziehen: Einmal wurde die Mutter eines Buben, der mit elf Jahren gestorben war, nach einem Selbstmordversuch an meine Abteilung verwiesen. Dr. Kurt Kocourek lud sie zu einer Therapiegruppe ein, und zufällig betrat ich den Raum, als er ein Psychodrama durchführte. Sie erzählte eben ihre Geschichte. Nach dem Tod des Knaben war ihr nur noch ein weiterer, älterer Sohn geblieben, der infolge einer Kinderlähmung behindert war. Der arme Junge saß im Rollstuhl. Seine Mutter lehnte sich gegen ihrer beider Schicksal auf. Als sie aber gemeinsam mit ihm Selbstmord begehen wollte, war es der behinderte Sohn, der sie daran hinderte: Er lebte gerne! Für ihn war das Leben sinnvoll geblieben. Warum nicht auch für seine Mutter? Wie konnte das Leben auch für sie noch einen Sinn behalten? Und wie konnten wir ihr helfen, diesen Sinn zu finden?

Ich nahm an der Diskussion teil, und improvisierend wandte ich mich an eine andere Frau in der Gruppe. Ich fragte sie, wie alt sie sei, und sie antwortete: „Dreißig." Ich erwiderte: „Nein, Sie sind nicht dreißig, sondern achtzig, und Sie liegen auf Ihrem Sterbebett. Und nun blicken Sie zurück auf Ihr Leben – ein Leben, das kinderlos war, aber voll von finanziellem Erfolg und gesellschaftlichem Ansehen." Und dann lud ich sie ein, sich vorzustellen, wie sie sich in dieser Situation fühlen würde. „Wie werden Sie darüber denken? Was werden Sie zu sich selbst sagen?" – Lassen Sie mich zitieren, was sie tatsächlich sagte und was bei der Sitzung auf Tonband aufgenommen wurde: „Ach ja, ich heiratete einen Millionär, ich lebte ein unbeschwertes Leben in Reichtum, und ich genoss es! Ich flirtete mit Männern; ich spielte mit ihnen! Aber nun bin ich achtzig, und ich habe keine eigenen Kinder. Wenn ich als alte Frau zurückblicke, sehe ich nicht, wozu das alles gut war; eigentlich muss ich sagen, dass ich mein Leben vertan habe."

Dann lud ich die Mutter des behinderten Sohnes ein, sich ebenfalls vorzustellen, wie sie auf *ihr* Leben zurückblicken würde. Hören wir, was sie zu sagen hatte: *„Ich* wünschte mir Kinder, und dieser Wunsch ist in Erfüllung gegangen. Einer meiner Buben ist gestorben; aber der andere, der behinderte, wäre in ein Heim eingeliefert worden, wenn ich nicht seine Pflege auf mich genommen hätte. Wenn er auch verkrüppelt und hilflos ist, so ist er doch schließlich mein Junge. Und so habe ich ihm ermöglicht, ein volleres Leben zu leben; ich habe aus meinem Sohn einen besseren Menschen gemacht." In diesem Moment brach sie in Tränen aus, und weinend setzte sie fort: „Was mich betrifft, kann ich ruhig auf mein Leben zurückschauen; denn ich kann sagen, mein Leben war voller Sinn, und ich habe nach Kräften versucht, ihn zu erfüllen; ich habe mein Bestes getan – das Beste für meinen Sohn getan. Mein Leben war kein vertanes Leben." Indem sie ihr Leben aus der Perspektive des Sterbebetts aus betrachtete, konnte sie plötzlich einen Sinn darin erkennen, einen Sinn, der auch all ihr Leid umfasste. Zugleich hatte sich aber auch herausgestellt, dass ein Leben von kurzer Dauer, wie etwa das ihres verstorbenen Sohnes, so reich an Freude und Liebe sein konnte, dass es mehr Sinn enthalten mochte als ein Leben von achtzig Jahren.

Etwas später stellte ich eine weitere Frage, diesmal an die ganze Gruppe. Ich fragte, ob ein Affe, der zur Entwicklung einer Kinderlähmungsimpfung immer wieder punktiert würde, jemals einsehen könne, worin der Sinn seines Leidens bestehe. Die Gruppe antwortete einstimmig, dass er dies natürlich niemals begreifen könne. Mit seinem begrenzten Intellekt könne er nie in die Menschenwelt vordringen, jene Welt, in der der Sinn seines Leidens erst verständlich wäre. Daraufhin setzte ich fort: „Und wie ist es mit dem Menschen? Sind Sie sicher, dass die menschliche Welt der Endpunkt in der Entwicklung des Kosmos darstellt? Ist es nicht vorstellbar, dass es noch eine weitere Dimension gibt, eine Welt jenseits der Welt des Menschen; eine Welt, in der die Frage nach einem letzten Sinn des menschlichen Leidens eine Antwort finden würde?"

Der Über-Sinn

Dieser letzte, höchste Sinn übersteigt und überschreitet die begrenzten intellektuellen Fähigkeiten des Menschen; in der Logotherapie sprechen wir in diesem Zusammenhang von einem Über-Sinn. Was dem Menschen abverlangt ist, das ist nicht, wie manche existentialistische Philosophen lehren, die Sinnlosigkeit des Lebens zu ertragen, sondern seine eigene Unfähigkeit, den bedingungslosen Sinn des Lebens mit dem Verstand zu erfassen. Der *Logos* ist tiefgründiger als die Logik.

Ein Psychiater, der sich auf den Begriff des Über-Sinns einlässt, wird allerdings früher oder später von seinen Patienten in Verlegenheit gebracht werden, so wie es mir mit meiner Tochter erging, als sie mich mit etwa sechs Jahren fragte: „Warum sagt man eigentlich ‚der *liebe* Gott'?" Worauf ich antwortete: „Nun, vor ein paar Wochen hast du die Masern gehabt, und dann hat dich der *liebe* Gott wieder ganz gesund gemacht." Das kleine Mädchen war aber damit nicht zufriedengestellt; sie erwiderte: „Gut, Papa, aber vergiss nicht: Zuerst hat er mir die Masern ja geschickt."

Wenn ein Patient jedoch fest auf dem Boden seines religiösen Glaubens steht, dann spricht nichts dagegen, dass man den therapeutischen Effekt seiner religiösen Überzeugungen einsetzt und so auf seine geistigen Ressourcen zurückgreift. Zu diesem Zweck kann der Arzt versuchen, sich selbst in die Lage des Patienten zu versetzen. Genau das tat ich beispielsweise, als einmal ein Rabbi aus Osteuropa zu mir kam und mir seine Geschichte erzählte. Er hatte seine erste Frau und alle sechs Kinder im KZ Auschwitz verloren, wo sie ins Gas getrieben wurden; und nun stellte sich heraus, dass seine zweite Frau unfruchtbar war. Ich machte ihn darauf aufmerksam, dass Fortpflanzung nicht der einzige Sinn im Leben sein könne, denn sonst wäre das Leben selbst ja sinnlos; und etwas Sinnloses kann ja nicht dadurch sinnvoll werden, dass man es nur immer fortsetzt. Der Rabbi jedoch konnte sich als orthodoxer Jude nicht damit abfinden, dass er keinen Sohn hatte, der nach seinem Tod für ihn das Kaddisch sprechen würde.[6]

Ich gab aber nicht auf. Ich machte einen letzten Versuch, ihm zu helfen, indem ich ihn fragte, ob er nicht hoffte, seine Kinder im Jenseits wiederzusehen. Auf meine Frage hin brach er aber in Tränen aus, und nun zeigte sich der wahre Grund für seine Verzweiflung:

Er erklärte mir, dass seine Kinder, die doch als unschuldige Märtyrer gestorben seien,[7] würdig waren, den höchsten Platz im Himmel einzunehmen, während er, als sündiger alter Mann, nicht erwarten konnte, dass er solchermaßen erhöht werden würde. Ich gab nicht nach, sondern erwiderte: „Ist es nicht vorstellbar, Rabbi, dass genau dies der Sinn Ihres Überlebens gewesen ist: dass Sie durch diese Jahre des Leidens geläutert werden, sodass schließlich auch Sie, wenn auch nicht unschuldig wie Ihre Kinder, würdig sein können, ihnen im Himmel nahe zu sein? Steht nicht in den Psalmen geschrieben, dass Gott alle unsere Tränen bewahrt?[8] Vielleicht ist Ihr Leid also gar nicht sinnlos.“ Zum ersten Mal seit vielen Jahren verspürte er Erleichterung von seinem Leiden, da er dieses nun in einem neuen Licht sehen konnte.

---

6 Ein Totengebet

7 *L'kiddush basbem*, wörtlich „zur Heiligung des Namens Gottes“, d. h. als Märtyrer

8 „Mein Elend ist aufgezeichnet bei dir. Sammle meine Tränen in einem Krug, zeichne sie auf in deinem Buch.“ (Ps. 56, 8.)

Die Vergänglichkeit des Lebens

Nicht nur das Leiden, sondern auch der Tod scheint dem Leben seinen Sinn zu nehmen. Ich werde aber nie müde, darauf hinzuweisen, dass das einzig wirklich Vergängliche stets nur die *Möglichkeiten* sind; sobald aber Möglichkeiten verwirklicht sind, werden sie im selben Augenblick zu Wirklichkeiten; damit aber werden sie in die Vergangenheit hinein gerettet, in der sie gerade vor der Vergänglichkeit bewahrt sind. Denn in der Vergangenheit ist nichts unwiederbringlich verloren, sondern alles unwiderruflich aufbewahrt.

Die Vergänglichkeit unseres Daseins macht dieses also keineswegs sinnlos. Sehr wohl aber erfordert sie unsere Verantwortlichkeit; denn alles hängt davon ab, dass wir die ihrem Wesen nach vergänglichen Möglichkeiten verwirklichen. Fortwährend trifft der Mensch Entscheidungen über die vor ihm liegenden Möglichkeiten; welche davon werden zum Nichtsein verurteilt und welche werden verwirklicht? Welche Entscheidung wird ein für alle Mal Wirklichkeit werden, ein unvergänglicher „Fußabdruck im Sand der Zeit“? In jedem Augenblick muss der Mensch entscheiden, was zum Monument seines Lebens werden soll.

Für gewöhnlich sieht der Mensch nur das Stoppelfeld der Vergänglichkeit, und er übersieht dabei die vollen Speicher der Vergangenheit, in die hinein er seine Taten, seine Freuden und auch sein Leiden ein für alle Mal gerettet hat. Nichts davon kann ungeschehen gemacht werden, und nichts kann fortgenommen werden. Ich möchte sagen, Vergangen-Sein ist die sicherste Form des Seins.

Die Logotherapie, die die grundsätzliche Vergänglichkeit der menschlichen Existenz im Auge behält, ist deshalb keineswegs pessimistisch, sondern aktivistisch. Um es bildlich auszudrücken, könnten wir sagen: Der Pessimist ist wie ein Mensch, der mit Angst und Schwermut zusieht, wie der Kalender, von dem er jeden Tag ein Blatt abreißt, mit jedem vergangenen Tag dünner wird. Derjenige aber, der die Aufgaben des Lebens aktiv angeht, ist wie ein Mensch, der jedes Kalenderblatt sorgfältig ablegt und zusammen mit allen vorhergegangenen aufbewahrt, nachdem er noch ein paar Tagebuchnotizen auf die Rückseite geschrieben hat. Er kann mit Stolz und Freude an all die Reichtümer denken, die er in diesen Notizen festgehalten hat, an all die Lebenszeiten, die er schon in Fülle erlebt hat. Was kümmert es ihn, wenn er bemerkt, dass er älter wird? Hat er denn einen Grund, die Jüngeren zu beneiden oder mit Wehmut über seine eigene versäumte Jugend nachzudenken? Worum sollte er denn einen jungen Menschen beneiden? Um die Möglichkeiten, die der junge Mensch hat, um die Zukunft, die noch vor ihm liegt? „Nein, danke“, wird er sich sagen, „statt der Möglichkeiten habe ich Wirklichkeiten in meiner Vergangenheit, nicht nur die Wirklichkeit der Werke, die ich vollbracht habe, und der Liebe, die ich gab und empfing, sondern auch von Leid, das ich tapfer getragen habe. Dieses Leid ist sogar das, worauf ich am meisten stolz bin, obwohl es wahrlich nichts ist, worum man mich beneiden müsste.“

Logotherapie als therapeutische Methode

Eine realistische Angst, wie die Angst vor dem Tod, kann nicht durch ihre psychodynamische Interpretation beseitigt werden. Eine neurotische Angst wiederum, wie etwa Platzangst, kann nicht durch philosophische Erklärungen kuriert werden. Die Logotherapie hat aber eine spezielle Technik entwickelt, die in solchen Fällen zur Anwendung kommen kann. Um zu verstehen, worum es bei dieser Methode geht, gehen wir von jenem Zustand aus, der häufig bei neurotischen Personen zu beobachten ist, nämlich der Erwartungsangst. Das Typische an dieser Angst ist, dass sie genau das hervorruft, vor dem der Patient sich fürchtet. Zum Beispiel wird jemand, der Angst davor hat, zu erröten, wenn er einen großen Raum betritt und vielen Menschen gegenübersteht, tatsächlich dazu neigen, in dieser Situation rot zu werden. Man könnte das Sprichwort „Der Wunsch ist der Vater des Gedankens“ abwandeln in „Die Angst ist die Mutter des Geschehens“.

Umgekehrt aber gilt: Ebenso wie die Angst das hervorbringt, wovor man sich fürchtet, macht eine übermäßige Anstrengung genau das unmöglich, was man so nachdrücklich wünscht. Diese übertriebene Intention, oder „Hyperintention“, wie ich sie nenne, ist vor allem bei Fällen von Sexualneurose zu beobachten. Je mehr ein Mann versucht, seine Potenz zu beweisen, oder eine Frau zeigen will, wie sehr sie zum Orgasmus fähig ist, desto weniger werden sie dabei zum Ziel kommen. Die Lust ist und bleibt ein Nebeneffekt, und sie wird zerstört und verdorben, wenn sie zu einem Selbstzweck erhoben wird.

Neben der eben beschriebenen übertriebenen Intention kann auch die übermäßige Aufmerksamkeit, oder „Hyperreflexion“, wie sie in der Logotherapie genannt wird, pathogen wirken, also zu Krankheit führen. Das folgende Fallbeispiel soll zeigen, was ich damit meine: Eine junge Frau kam zu mir und klagte, dass sie frigid sei. Im Lauf der Befragung zeigte sich, dass sie in ihrer Kindheit von ihrem Vater sexuell missbraucht worden war. Es war aber leicht ersichtlich, dass es nicht dieses traumatische Erlebnis selbst war, das ihre Sexualneurose ausgelöst hatte. Es stellte sich nämlich heraus, dass die Patientin durch das Lesen populärer psychoanalytischer Literatur in der ständigen Angst lebte, dass jenes schreckliche Erlebnis eines Tages Folgen haben müsse. Diese Erwartungsangst führte sowohl zu der übertriebenen Absicht, ihre Weiblichkeit zu beweisen, als auch zur Fokussierung ihrer Aufmerksamkeit auf sich selbst statt auf ihren Partner. Das genügte, um der Patientin die Fähigkeit zu dem Höhepunkt des sexuellen Genusses zu nehmen, da der Orgasmus zu einem Objekt sowohl der Intention als auch der Beobachtung gemacht wurde, statt dass er die unbeabsichtigte Folge einer unreflektierten Hingabe an den Partner geblieben wäre. Schon nach wenigen logotherapeutischen Sitzungen konnte die übermäßige Selbstbeobachtung der Patientin und die ständige Absicht, ihre Orgasmusfähigkeit zu beweisen, „dereflektiert" werden, um einen weiteren logotherapeutischen Begriff einzuführen. Sobald ihre Aufmerksamkeit auf das richtige Objekt, nämlich den Partner, umgelenkt worden war, stellte sich der Orgasmus ganz von selbst ein.[9]

[9] Zur Behandlung von Impotenz wurde ein spezielles logotherapeutisches Verfahren entwickelt, das auf der oben skizzierten Theorie der Hyperintention und Hyperreflexion beruht: Viktor E. Frankl, „The Pleasure Principle and Sexual Neurosis", *The International Journal of Sexology,* Vol. 5, No. 3 (1952), pp. 128–130. Eine genaue Beschreibung dieser Methode würde den Rahmen dieser kurzen Darstellung logotherapeutischer Prinzipien sprengen.

Die logotherapeutische Technik der „paradoxen Intention“ beruht auf dem zweifachen Befund, dass die Angst genau das hervorruft, vor dem man Angst hat, und dass die Hyperintention das verhindert, was man sich wünscht. Die paradoxe Intention wurde von mir schon 1939 beschrieben.[10] Bei diesem Verfahren wird der phobische Patient dazu aufgefordert, sich wenigstens einen Augenblick lang genau das vorzustellen, was er fürchtet.

Lassen sie mich ein Fallbeispiel schildern: Ein junger Arzt konsultierte mich wegen seiner Angst, zu schwitzen. Wann immer er einen Schweißausbruch fürchtete, genügte diese Erwartungsangst schon, um starkes Schwitzen auszulösen. Um diesen Teufelskreis zu durchbrechen, leitete ich den Patienten an, immer dann, wenn ein Schweißausbruch erfolgte, sich bewusst vorzunehmen, den Leuten zu zeigen, wie stark er schwitzen konnte. Eine Woche später kam er wieder und berichtete, dass er immer, wenn er jemanden traf, der seine Erwartungsangst auslöste, zu sich sagte: „Bisher habe ich nur einen Liter geschwitzt, aber jetzt werde ich mindestens zehn Liter Schweiß ausströmen!“ Das Ergebnis war, dass er sich, nachdem er vier Jahre lang an der Phobie gelitten hatte, nach nur einer einzigen Sitzung innerhalb einer Woche dauerhaft von seinen Symptomen befreien konnte.

Der Leser wird bemerken, dass diese Methode auf einer Umkehrung der Einstellung des Patienten beruht, insofern als seine Angst durch einen paradoxen Wunsch ersetzt wird. Durch diese Vorgangsweise wird der Angst der Wind aus den Segeln genommen.

Ein solches Verfahren beruht jedoch auf der spezifisch menschlichen Fähigkeit zur Selbstdistanzierung, die dem

---

10 Viktor E. Frankl, „Zur medikamentösen Unterstützung der Psychotherapie bei Neurosen“, *Schweizer Archiv für Neurologie und Psychiatrie,* Vol. 43 (1939), pp. 26–31.

Humor zugrunde liegt. Diese grundlegende Fähigkeit, von sich selbst abzurücken, wird immer eingesetzt, wenn die logotherapeutische Methode der paradoxen Intention angewandt wird. Zugleich wird der Patient in die Lage versetzt, sich auch von seiner Neurose zu distanzieren. Eine Aussage, die damit in Einklang steht, findet sich in Gordon W. Allports Buch *The Individual and His Religion*: „The neurotic who learns to laugh at himself may be on the way to self-management, perhaps to cure."[11] Die paradoxe Intention ist die empirische Untermauerung und klinische Anwendung dieser Bemerkung Allports.

Einige weitere Fallbeispiele mögen dazu dienen, diese Methode noch weiter zu erklären. Der folgende Patient war ein Buchhalter, der von mehreren Ärzten und an einer Reihe von Kliniken ohne Erfolg behandelt worden war. Als er in meine Abteilung überwiesen wurde, war er tief verzweifelt und gestand, dem Selbstmord nahe zu sein. Er litt seit einigen Jahren an einem Schreibkrampf, der sich in jüngster Zeit so verschärft hatte, dass er um seine Anstellung fürchten musste. In dieser Lage konnte ihm nur eine sofortige Kurztherapie helfen. Zu Beginn der Behandlung empfahl Frau Dr. Eva Kozdera dem Patienten, genau das Gegenteil von dem zu tun, was er bis dahin immer getan hatte: Statt zu versuchen, so sauber und leserlich wie möglich zu schreiben, möge er ein möglichst unordentliches Gekritzel anstreben. Er solle sich sagen: „Jetzt werde ich den Leuten zeigen, was für ein vollkommener Schmierer ich bin!" Und in dem Augenblick, in dem er absichtlich zu schmieren versuchte, wurde es ihm unmöglich, es zu tun. „Ich versuchte zu kritzeln, aber ich konnte es einfach nicht", sagte er am nächsten Tag. In-

---

[11] Gordon W. Allport, *The Individual and His Religion,* New York, The Macmillan Co., 1956, p. 92.

nerhalb von achtundvierzig Stunden war der Patient von seinem Schreibkrampf befreit, und er blieb es auch nach Beendigung der Behandlung. Er ist wieder zufrieden und vollständig arbeitsfähig.

Ein ähnlicher Fall, der allerdings nicht mit Schreiben, sondern mit Sprechen zu tun hatte, wurde mir von einem Kollegen der Laryngologischen Abteilung der Wiener Poliklinik berichtet. Es war der schwerste Fall von Stottern, der ihm in seiner vieljährigen Praxis untergekommen war. Der Patient war in seinem ganzen Leben, soweit er sich erinnern konnte, niemals von seinem Stottern frei gewesen – mit Ausnahme eines einzigen Mals. Das geschah, als er mit zwölf Jahren einmal mit der Straßenbahn „schwarz" gefahren war. Als der Schaffner ihn ertappte, dachte er, dass er nur dadurch loskommen könne, dass er an dessen Mitleid appellierte. Also versuchte er ihm zu demonstrieren, dass er nur ein armer stotternder Bub war. Aber in dem Augenblick, als er zu stottern versuchte, gelang es ihm nicht. Ohne es zu wissen und zu beabsichtigen, hatte er die paradoxe Intention angewandt – allerdings nicht zu Heilungszwecken ...

Diese Ausführungen sollen aber nicht den Eindruck erwecken, dass die paradoxe Intention ausschließlich in monosymptomatischen Fällen wirksam ist. Mit Hilfe dieser logotherapeutischen Technik konnten meine Mitarbeiter an der Wiener Poliklinik sogar bei schweren und langwierigen Fällen von Zwangsneurosen Erleichterung schaffen. Da war zum Beispiel eine fünfundsechzigjährige Frau, die seit sechzig Jahren an einem Waschzwang litt. Dr. Eva Kozdera begann die logotherapeutische Behandlung mittels paradoxer Intention, und nach zwei Monaten war die Patientin in der Lage, ein normales Leben zu führen. Vor ihrer Aufnahme in die Neurologische Abteilung der Poliklinik hatte sie erklärt: „Das Leben ist eine Hölle für mich." Ihre zwanghafte Bakterienangst hatte dazu geführt, dass sie schließlich ihr Bett nicht mehr verlassen hatte und nicht einmal ihre Hausarbeit hatte erledigen können. Es wäre übertrieben, zu sagen, dass sie nun ganz frei von Symptomen wäre, denn zwanghafte Gedanken tauchen immer wieder auf. Nun kann sie sich aber „darüber lustig machen", wie sie sagt – mit anderen Worten, sie kann die paradoxe Intention anwenden.

Auch bei Schlafstörungen hat sich die paradoxe Intention bewährt. Die Angst vor Schlaflosigkeit[12] führt nämlich dazu, dass man das Einschlafen hyperintendiert; dies aber macht es dem Patienten unmöglich, tatsächlich einzuschlafen. Um diese spezielle Angst zu überwinden, weise ich den Patienten für gewöhnlich an, nicht das Einschlafen anzustreben, sondern das Gegenteil zu tun, nämlich zu versuchen, so lange wie möglich wachzubleiben. Mit anderen Worten: Die Hyperintention zum Einschlafen, die aus der Erwartungsangst einer Schlaflosigkeit entsteht, muss durch die paradoxe Absicht, nicht einzuschlafen, ersetzt werden – was bald darauf zum Einschlafen führt.

Die paradoxe Intention ist kein Allheilmittel. Immerhin aber lässt sie sich als nützliches Mittel zur Behandlung von zwanghaften und phobischen Zuständen einsetzen, besonders in jenen Fällen, denen eine Erwartungsangst zugrunde liegt. Zudem ist sie eine Methode der Kurztherapie. Trotzdem sollte man nicht meinen, dass eine solche Kurztherapie nur von vorübergehender Wirkung ist. Eines der „am meisten verbreiteten Vorurteile der Freud'schen Orthodoxie", schrieb der verstorbene Emil A. Gutheil,

12 Die Angst vor Schlaflosigkeit beruht in den meisten Fällen auf der Unkenntnis der Tatsache, dass der Organismus sich *ganz von selbst* jenes Mindestmaß an Schlaf verschafft, das er benötigt.

„besagt, dass die Beständigkeit der Ergebnisse mit der Dauer der Therapie zusammenhängt."[13] In meinen Aufzeichnungen findet sich zum Beispiel der Fallbericht eines Patienten, der vor mehr als zwanzig Jahren mit paradoxer Intention behandelt wurde; der Heilerfolg erwies sich trotzdem als dauerhaft.

Eine der bemerkenswertesten Tatsachen ist die, dass die Wirksamkeit der paradoxen Intention unabhängig von der ätiologischen Grundlage des betreffenden Falles ist. Dies bestätigt die Feststellung von Edith Weisskopf-Joelson: „Obgleich die traditionelle Psychotherapie darauf besteht, dass die therapeutischen Maßnahmen auf der Basis der Ursachenbestimmung auszuwählen sind, ist es doch möglich, dass gewisse Faktoren in der Kindheit zu Neurosen führen können, und dass ganz andere Faktoren bei Erwachsenen die Neurosen lindern können."[14]

Was die tatsächliche Ursache von Neurosen betrifft, so scheinen, abgesehen von angeborenen Elementen, seien sie körperlicher oder seelischer Art, Rückkopplungsmechanismen wie die Erwartungsangst einen wichtigen pathogenen Faktor darzustellen. Ein bestimmtes Symptom ruft eine Phobie hervor, die Phobie löst das Symptom aus und das Symptom verstärkt wieder die Phobie. Ein ähnlicher Ablauf ist aber auch bei Zwangsstörungen zu beobachten, bei denen der Patient gegen die ihn verfolgenden Gedanken anzukämpfen versucht.[15] Gerade dadurch aber

---

13 Emil A. Gutheil, „Proceedings of the Association for the Advancement of Psychotherapy", *American Journal of Psychotherapy*, Vol. 10 (1956), p. 134.

14 „Some Comments on a Viennese School of Psychiatry", *The Journal of Abnormal and Social Psychology*, Vol. 51 (1955), pp. 701–703.

15 Dies ist häufig auf die Angst des Patienten zurückzuführen, seine Zwangsvorstellung könnte eine beginnende oder sogar schon manifeste Psychose anzeigen; der Patient ist sich der

verstärkt er ihre Intensität, weil jeder Druck einen Gegendruck hervorruft. Wieder wird das Symptom verstärkt! Sobald der Patient jedoch aufhört, seine Zwangsgedanken zu bekämpfen, und stattdessen versucht, sie durch Ironisierung ins Lächerliche zu ziehen – indem er die paradoxe Intention anwendet –, ist der Teufelskreis durchbrochen, das Symptom wird schwächer und verschwindet schließlich ganz. In dem günstigen Fall, dass kein existentielles Vakuum vorliegt, welches das Symptom herbeiruft und hervorlockt, wird es dem Patienten nicht nur gelingen, seine neurotische Angst zu belächeln, sondern er wird sie endlich ganz ignorieren können.

Wie wir sehen, ist Erwartungsangst mit paradoxer Intention zu bekämpfen; sowohl Hyperintention als auch Hyperreflexion sind mit Dereflexion zu behandeln; die Dereflexion kann aber nur dann gelingen, wenn der Patient sich auf seine spezifische Berufung und Aufgabe im Leben hin orientiert.[16]

Nicht die Beschäftigung des Neurotikers mit sich selbst, sei es in Form von Selbstmitleid oder als Selbstverachtung, kann den Teufelskreis durchbrechen; der Anfang jeder Heilung ist die Selbsttranszendenz!

---

empirischen Tatsache nicht bewusst, dass eine Zwangsneurose ihn sogar gegen eine wirkliche Psychose immunisiert, statt ihn in dieser Richtung zu gefährden.

16 Diese meine Überzeugung wird unterstützt durch Allports Feststellung: „As the focus of striving shifts from the conflict to selfless goals, the life as a whole becomes sounder, even though the neurosis may never completely disappear." (Op. cit., p. 95)

Die kollektive Neurose

Jede Zeit hat ihre kollektive Neurose, und jede Zeit braucht ihre Psychotherapie, um damit fertigzuwerden. Das existentielle Vakuum, das die Massenneurose unserer Zeit darstellt, kann als eine private und persönliche Form des Nihilismus beschrieben werden; denn der Nihilismus lässt sich definieren als die Behauptung, dass das Dasein keinen Sinn hat. Der Psychotherapie aber kann es niemals gelingen, diesem Zustand auf breiter Basis entgegenzuwirken, wenn sie sich nicht von der Wirkung und dem Einfluss der gegenwärtigen Strömungen einer nihilistischen Philosophie freihält. Sonst stellt sie selbst nur ein Symptom der Massenneurose dar, und nicht ein Mittel zu deren Heilung. Die Psychotherapie würde nicht nur ein nihilistisches Weltbild widerspiegeln, sondern auch, sei es unabsichtlich und unbewusst, dem Patienten etwas vermitteln, was eher eine Karikatur als ein wahrhaftes Bild des Menschen ist.

Vor allem ist es gefährlich, von einem „Nichts-als" zu sprechen, nämlich von der Theorie, dass der Mensch nichts weiter sei als das Ergebnis biologischer, psychologischer und soziologischer Bedingungen, oder das Produkt von Vererbung und Umwelt. Ein solches Menschenbild lässt einen Neurotiker das glauben, was er ohnehin zu glauben geneigt ist, nämlich, dass er das willenlose Produkt und Opfer äußerer Umstände und innerer Zustände sei. Dieser neurotische Fatalismus wird noch unterstützt und bestärkt durch eine Psychotherapie, die leugnet, dass der Mensch frei ist.

Selbstverständlich ist der Mensch ein endliches Wesen, und seine Freiheit ist beschränkt. Es ist keine Freiheit von Bedingungen, aber es ist die Freiheit, zu diesen Bedingungen Stellung zu nehmen. Wie ich es einmal in einem Vortrag ausdrückte: „Als Professor für zwei Fächer, Neurologie und Psychiatrie, bin ich mir vollauf bewusst, in welchem Ausmaß der Mensch biologischen, psychologischen und soziologischen Bedingungen unterworfen ist. Aber ich bin nicht nur Professor auf zwei Gebieten, ich bin auch Überlebender zweier Lager – nämlich Konzentrationslager –, und als solcher kann ich Zeugnis ablegen dafür, in welch erstaunlichem Ausmaß der Mensch befähigt ist, selbst mit den ärgsten vorstellbaren Bedingungen fertigzuwerden."

Kritik des Pandeterminismus

Der Psychoanalyse wurde oft ihr sogenannter Pansexualismus vorgeworfen. Ich persönlich bezweifle, dass dieser Vorwurf jemals berechtigt war. Eine andere Annahme jedoch halte ich für noch irriger und gefährlicher, nämlich die, welche ich als „Pandeterminismus" bezeichne. Damit meine ich jenes Bild vom Menschen, das seine Fähigkeit ignoriert, zu allen Bedingungen, welcher Art auch immer, noch Stellung zu nehmen. Der Mensch ist eben nicht vollständig bedingt und bestimmt, sondern er bestimmt selbst, ob er sich Bedingungen unterwirft oder sich gegen sie auflehnt. Mit anderen Worten, der Mensch ist letzten Endes selbstbestimmt. Er existiert nicht nur, sondern er entscheidet in jedem Augenblick, was seine Existenz sein wird, was er selbst im nächsten Augenblick werden wird.

Aus demselben Grund hat auch jedes menschliche Wesen die Freiheit, sich in jedem Augenblick zu ändern. Deshalb können wir seine Zukunft nur innerhalb des größeren Rahmens einer statistischen Untersuchung vorhersagen; die einzelne Person dagegen bleibt prinzipiell unvorhersagbar. Als Grundlage für jede Vorhersage könnten ja nur die biologischen, psychologischen oder soziologischen Bedingungen dienen; ein Hauptmerkmal menschlichen Daseins ist aber die Fähigkeit, sich über solche Bedingungen zu erheben, über sie hinauszuwachsen. Der Mensch ist fähig, die Welt zum Besseren zu verändern, wenn es möglich ist, und sich selbst zum Besseren zu verändern, wenn es nötig ist.

Ich möchte hier den Fall des Dr. J. zitieren. Er war der einzige Mensch in meinem Leben, den ich als mephistophelisches Wesen, als satanische Gestalt zu bezeichnen wagen würde. Er war damals bekannt als „der Massenmörder vom Steinhof" (das ist die große Wiener Psychiatrische Klinik). Als die Nazis ihr Euthanasieprogramm begannen, hatte er alle Fäden in der Hand, und er war fanatisch bemüht, keinen einzigen psychotisch Kranken der Gaskammer entgehen zu lassen. Als ich nach dem Krieg nach Wien zurückkehrte, fragte ich, was mit Dr. J. geschehen war. „Er wurde von den Russen gefangen genommen und in eine der Isolationszellen am Steinhof gesperrt", sagte man mir. „Am nächsten Tag aber stand die Zellentür offen, und Dr. J. wurde nie mehr gesehen."

Ich war überzeugt, dass er, wie viele andere, mit Unterstützung seiner Kameraden nach Südamerika entkommen war. Viel später aber suchte mich ein früherer österreichischer Diplomat auf, der mehrere Jahre hinter dem Eisernen Vorhang in Gefangenschaft gewesen war, erst in Sibirien und dann in dem berüchtigten Lubjanka-Gefängnis in Moskau. Während ich ihn neurologisch untersuchte, fragte er mich plötzlich, ob ich vielleicht Dr. J. gekannt hatte. Als ich bejahte, setzte er fort: „Ich lernte ihn im Lubjanka-Gefängnis kennen. Dort starb er, mit ungefähr vierzig Jahren, an Blasenkrebs. Bis dahin aber war er der beste Kamerad, den man sich vorstellen kann! Er tröstete uns alle und richtete uns auf, so sehr er nur konnte. Er war wie ein Heiliger; der beste Freund, den ich in all den Jahren im Gefängnis gefunden hatte!"

Dies ist die Geschichte des Dr. J., des „Massenmörders vom Steinhof". Wie könnten wir es wagen, das Verhalten eines Menschen vorherzusagen? Wir können die Bewegungen einer Maschine, eines Automaten, voraussagen; ja wir können sogar versuchen, die Mechanismen und „Dynamismen" der menschlichen *Psyche* vorherzusehen. Aber der Mensch ist mehr als *Psyche*.

Freiheit ist jedoch nicht alles; sie ist nur die halbe Wahrheit. Freiheit ist nur ein Teil, der negative Aspekt, jenes ganzen Phänomens, dessen positiver Aspekt die Verantwortlichkeit ist. Die Freiheit ist immer in Gefahr, in bloße Willkür auszuarten, wenn sie nicht in Verantwortung gelebt wird. Das ist der Grund, warum ich meinen amerikanischen Hörern immer ans Herz lege, sie mögen doch ihre Freiheitsstatue an der Ostküste dadurch ergänzen, dass sie eine „Verantwortlichkeitsstatue" an der Westküste errichten.

Das psychiatrische Credo

Es gibt nichts, was einen Menschen in eine Lage bringen kann, in der er überhaupt keine Freiheit mehr besitzt. Ein Rest von Freiheit, sei er auch noch so gering, bleibt einem Menschen selbst in der Neurose und sogar in der Psychose. Der innerste Kern der Persönlichkeit eines Patienten wird von der Psychose nicht einmal berührt.

Ein unheilbar psychotisch Kranker mag seine Nützlichkeit verlieren, aber er behält seine Würde als menschliches Wesen. Das ist mein psychiatrisches Credo. Ohne dieses würde ich es nicht für die Mühe wert halten, ein Psychiater zu sein. Für wen denn? Nur für eine defekte Gehirnmaschine, die nicht mehr repariert werden kann? Wenn ein Patient nicht weit mehr wäre als dies, dann wäre Euthanasie gerechtfertigt.

Rehumanisierte Psychiatrie

Allzu lange – fast ein halbes Jahrhundert lang – hat die Psychiatrie versucht, den menschlichen Geist als bloßen Mechanismus zu verstehen, und demzufolge die Therapie von Geisteskrankheit als bloße Technik. Ich glaube, dieser Traum ist ausgeträumt. Was sich jetzt am Horizont abzeichnet, das sind nicht die Umrisse einer psychologisierten Medizin, sondern die einer humanisierten Psychiatrie.

Ein Arzt, der sich selbst noch immer vor allem als Techniker sieht, gesteht damit ein, dass er in seinem Patienten nicht mehr als eine Maschine sieht, statt hinter aller Krankheit auch das menschliche Wesen zu erkennen!

Der Mensch ist nicht ein Ding unter anderen; die *Dinge* bestimmen einander, der Mensch aber ist letztlich selbstbestimmt. Was er wird – innerhalb der Grenzen seiner Begabungen und seiner Umwelt –, das hat er selbst aus sich gemacht. Im Konzentrationslager, jenem realen Laboratorium, jenem Versuchsfeld, konnten wir beobachten, wie einige unserer Kameraden sich wie Schweine benahmen, während andere sich wie Heilige verhielten. Jeder von uns hat beide Möglichkeiten in sich; welche davon Wirklichkeit wird, hängt von Entscheidungen ab, nicht von Bedingungen.

Unsere Generation ist realistisch, denn wir haben den Menschen kennengelernt, wie er wirklich ist. Der Mensch ist schließlich jenes Wesen, das die Gaskammern von Auschwitz erfunden hat; aber er ist auch jenes Wesen, das diese Gaskammern mit erhobenem Haupt betreten hat, mit dem Vaterunser oder dem *Sch'ma Jisrael* auf den Lippen.

ZUR GEISTIGEN PROBLEMATIK DER PSYCHOTHERAPIE*

Sobald wir darangehen, die geistige Problematik der Psychotherapie aufzuzeigen, empfiehlt es sich, fürs Erste einmal, die gegenwärtigen psychotherapeutischen Strömungen in wissenschaftshistorischem Aspekt daraufhin zu untersuchen, welche geistesgeschichtlichen Entwicklungstendenzen zu beobachten seien. Hier finden wir nun als große historische Repräsentanten die Systeme der *Psychoanalyse* und der *Individualpsychologie* vor. Fragen wir uns aber, was denn den wesentlichen Befund in Bezug auf das neurotische Geschehen vom Standpunkt der genannten Lehrmeinungen ausmache, so können wir Folgendes feststellen: Für den Psychoanalytiker besteht das wesentliche Moment in der Entstehung neurotischer Symptome in der *Verdrängung*, im Unbewusstmachen gewisser Bewusstseinsinhalte; das therapeutische Prinzip im Rahmen der Psychoanalyse ist demgemäß wesentlich ein Bewusstwerdenlassen im Sinne der Aufhebung von Verdrängungen. Kennzeichnend für diesen Grundzug der psychoanalytischen Behandlungsmethode mag wohl der Ausspruch von Freud sein, dass dort, wo Es ist, Ich werden soll – eine Tat, die er mit der Trockenlegung der Zuidersee vergleicht. Demgegenüber sehen wir bei der individualpsychologischen Behandlungsweise, dass hier das neurotische Symptom, ganz im Sinne des grundlegenden Adler'schen Begriffes des *Arrangements*, als ein Versuch des Individuums gedeutet wird, Verantwortung abzuwälzen. Es wird also nach der psychoanalytischen Auffassung im neurotischen Geschehen das Ich als Bewusst-Sein irgend-

---

* Dieser Text erschien ursprünglich im *Zentralblatt für Psychotherapie und ihre Grenzgebiete*, 10 (1938), S. 33–45.

wie eingeschränkt, während nach der individualpsychologischen Lehre eine Minderung des Verantwortlich-Seins eintritt.
Eine allgemeine Besinnung auf die tiefsten Grundlagen menschlicher Existenz ergibt nun folgende anthropologische Formel: *Ich-Sein heißt Bewusst-Sein und Verantwortlich-Sein.* [1]

Im Lichte dieser anthropologischen Grundformel zeigt es sich also, dass Psychoanalyse bzw. Individualpsychologie je eine Seite der menschlichen Existenz in ihr Blickfeld rücken, um von ihr aus zu einer Deutung des neurotischen Geschehens vorzudringen. Das besagt aber auch gleichzeitig nicht weniger, als dass beide Systeme nicht ganz zufällig geschaffen wurden, dass sie vielmehr mit wissenschaftstheoretischer Gesetzmäßigkeit, ja aus ontologischer Notwendigkeit heraus entstehen mussten und, in diesem Aspekte, ihre Einseitigkeiten sowohl wie ihre Gegensätzlichkeit bloß wirkliche Ergänzungen darstellen.

Aber nicht nur die von uns supponierten *anthropologischen Ausgangspunkte* beider Lehren bilden eine wahrhafte Ergänzung zueinander, sondern auch der *methodische Weg,* auf dem sie sich in ihrer Grundauffassung vom menschlichen Seelenleben bewegen. Beide Lehren machen sich nämlich einer Einschränkung der phänomenal gegebenen

---

1 Diese beiden Komponenten haben natürlich, wie jede geistige Funktion, ihre biologische Fundierung, indem das Bewusst-Sein vom Evidenzgefühl getragen wird und andererseits das Verantwortlich-Sein auf die Instinktsicherheit des Individuums angewiesen ist. Beide Funktionen scheinen im Falle des originären zwangsneurotischen Charakters in ihrer biologischen Schicht irgendwie erschüttert und in den einzelnen zwangsneurotischen Symptomen kompensatorisch überbaut: finden wir doch, dass der Zwangsneurotiker in seinem ganzen Leben gerade an einem Übermaß an Bewusstheit und Verantwortlichkeitsgefühl zu leiden hat.

seelischen Wirklichkeit schuldig, die Psychoanalyse in materialer Hinsicht, was den Inhalt seelischer Strebungen anlangt, indem sie als möglichen Inhalt in letzter Auflösung immer nur Libidinöses gelten lässt. Demgegenüber schränkt die individualpsychologische Auffassung das seelische Geschehen insofern in formaler Hinsicht ein, als sie wohl Strebungen verschiedenen Inhalts anerkennt, soweit aber neurotische Formen in Frage stehen, sie irgendwie als unecht hinstellt, als Mittel zum Zweck, im Sinne des angeführten Arrangementbegriffes.[2] Faktisch ist es natürlich so, dass im allgemein-seelischen, aber auch im neurotischen Geschehen einerseits nicht nur libidinöse, sondern auch andere Strebungen bedeutsam sind, während andererseits – im Gegensatz zur individualpsychologischen Auffassung – neurotische Symptome nicht nur Mittel zum Zweck, sondern auch (zumindest primär) unmittelbarer Ausdruck sind. Immerhin haben wir gesehen, wie auch in dieser Beziehung Psychoanalyse und Individualpsychologie in ihren einseitigen und zu Übertreibungen führenden psychologischen Grundpositionen letzten Endes nur zwei notwendige Ergänzungen darstellen.

Was nun schließlich, über den anthropologischen Ausgangspunkt und den methodischen Weg hinaus, das *weltanschauliche Ziel* anlangt, das beiden Lehren in ihrer Praxis bewusst oder unbewusst vorschwebt, jedenfalls aber implicite in ihnen enthalten ist, können wir folgende Feststellungen machen: Die oberste Maxime psychoanalytischen Handelns ist die Herstellung eines Kompromisses zwischen den Ansprüchen des Unbewussten einerseits und den Forderungen oder der Versagung der Realität andererseits, somit die *Anpassung* der Triebhaftigkeit an

---

2 Auf dem Individualpsych. Kongress in Düsseldorf (1926) hat Verf. versucht, die Neurose primär als Ausdruck und erst sekundär als Mittel darzustellen.

die Wirklichkeit. Die Individualpsychologie hingegen hat die therapeutische Devise, über jedwede Anpassung des Individuums hinausgehend zu einer mutigen *Gestaltung* der Wirklichkeit seitens des Ichs zu gelangen. (Hier stoßen wir also beim Vergleich beider Systeme erstmalig statt auf ergänzendes Gegenüberstehen auf eine fortschreitende Stufenfolge!) Fragen wir uns nunmehr, ob es denn nicht außer Anpassung und Gestaltung sozusagen eine weitere Dimension gäbe, in die der Mensch vorzudringen hat, sofern wir ihn gesunden lassen wollen; oder fragen wir uns, welche die letzte Kategorie sei, die wir noch mit einzubeziehen haben in unser Bild vom Menschen, wenn es seiner seelisch-geistigen Wirklichkeit gerecht werden soll – dann gelangen wir zu der Ansicht, dass diese Kategorie die der *Erfüllung* sein mag, der Sinnfindung. Dabei wäre zu bemerken, dass Erfüllung des Menschen wesentlich über bloße Gestaltung seines Lebens hinausreicht, so zwar, dass Gestaltung jeweils eine extensive, Erfüllung bzw. Sinnfindung jedoch gleichsam eine vektorielle Größe darstellt: Sinnfindung ist gerichtet, gerichtet auf jene jeder einzelnen menschlichen Person vorbehaltene oder besser gesagt aufgegebene Wertmöglichkeit, die es eben zu erfüllen gilt; gerichtet auf jene Werte, die jeder einzelne Mensch in der Einmaligkeit seiner Existenz und Einzigartigkeit seines Schicksalsraumes zu verwirklichen hat. Ist somit Psychoanalyse auf *Vergangenheit* und Kausalität, Individualpsychologie aber auf *Zukunft* und Finalität eingestellt, so rekurriert eine Psychotherapie in diesem letzten Sinne wesentlich auf *Zeitlos-Überzeitliches*, eben auf ein Absolutes im Sinne objektiver Werthaftigkeit. Oder: Setzt die Individualpsychologie dem bloßen Müssen der psychoanalytischen Auffassung das Wollen (mutige Gestaltung, sagten wir eben) entgegen, dann müssen wir noch fragen: Wo bleibt jene dritte Kategorie des Sollens? Wurde doch tatsächlich in beiden

Lehren der Komplex all jener Strebungen vernachlässigt, den man unter Variation des bekannten individualpsychologischen Schlagwortes als „moralisches Geltungsstreben“ bezeichnen könnte, im Sinne eines durchaus echten, originären Strebens nach moralischer Geltung.

Derartigen Rechtsansprüchen der Psychotherapie kommt bekanntlich Fritz Künkel entgegen, wenn er der bisherigen Seelen-Heilkunde das Postulat einer Seelenheil-Kunde entgegensetzt. Wobei wir uns jener Definition von Max Scheler erinnern, nach der das Heil des Menschen in der Erfüllung seiner höchstmöglichen Werte gelegen ist. J. H. Schultz spricht einmal von „höheren Existentialwertschichten“ und sagt von ihnen: „Wer dort beheimatet ist, kann leiden, ohne krank, ohne neurotisch zu werden.“ Wo ist jene therapeutisch interessierte Psychologie, die diese „höheren“ Schichten menschlicher Existenz in ihren Aufriss einbezöge und in diesem Sinne und im Gegensatz zum Worte von der „Tiefenpsychologie“ den Namen Höhenpsychologie verdiente? Wo ist, mit anderen Worten, jene Theorie vom schlechthin seelischen und im Besonderen vom neurotischen Geschehen, die über den Bereich des Psychischen hinauslangend die gesamte menschliche Existenz, in all ihrer Tiefe und Höhe, berücksichtigte und demgemäß als *Existenzanalyse* bezeichnet werden könnte?

Solche Gedanken sind ja nicht neu; es wird aber darauf ankommen, mit methodischer Sauberkeit ihnen nachzugehen, um in ihren praktischen Konsequenzen jene weltanschauliche Fairness zu wahren, ohne die eine existenzanalytische Einstellung zum Kranken nicht denkbar ist. – Jene Psychotherapeuten haben es selbstverständlich leicht, die vermöge ihrer Personalunion in der psychotherapeutischen Praxis gleichzeitig Ärzte sein können und weltanschauliche Führer, etwa ihr psychotherapeutisches Handeln bewusst in den Dienst ihrer katholischen

Überzeugung oder ihrer politischen Wertung stellen. Gerade daran wird aber die spezifische Gefahr ersichtlich, die jede bewusst wertende Psychotherapie mit sich bringt, die Gefahr einer Grenzüberschreitung rein ärztlichen Handelns sowie des Oktrois der persönlichen Weltanschauung des Arztes auf den Kranken im Rahmen seiner Behandlung. Tatsächlich haben sich auch seit längerer Zeit immer wieder warnende Stimmen erhoben. Einer der führenden Geister der deutschen Psychotherapie, der allzu früh verstorbene Hans Prinzhorn, stellte die Frage: „Im Namen welcher Instanz …?" Will heißen, im Namen welcher Instanz vermag der Psychotherapeut in seiner Praxis wertend vorzugehen. V. Weizsäcker erinnert daran, dass wir Psychotherapeuten „nicht Menschen bilden, sondern ermöglichen" sollen. Schließlich warnt niemand Geringerer als Kretschmer davor, dass der Arzt zum Priester werde.

Auf der anderen Seite jedoch treten uns immer dringlicher die Forderungen entgegen, Weltanschauung und Wertungen bewusst ins psychotherapeutische Handeln einzubeziehen. Spricht doch Gauger direkt davon, dass „die Frage nach der Sinngebung des menschlichen Daseins *die* Frage der Psychotherapie" sei, und bezeichnet „seelische Gesundheit" als „nichts anderes als die richtige Antwort auf die Frage nach dem Sinn des Lebens". Für J. H. Schultz „ist die Neurose recht eigentlich ein Fall von sinnlosem Leben". Und C. G. Jung kennzeichnet die Neurose als „Leiden der Seele, die ihren Sinn nicht gefunden hat".

Wir sehen somit eindeutig und eindringlich, wie sehr eine weltanschauliche und bewusst wertende Stellungnahme in der Psychotherapie nötig ist, und müssen uns andererseits fragen, ob sie auch möglich sei, d. h. erlaubt vom Standpunkt jener weltanschaulichen Fairness und methodischen Sauberkeit, die wir oben zur Voraussetzung machten. Gegenüber dem Dilemma *Notwendigkeit einer*

Wertung und Unmöglichkeit des Oktrois gelangen wir so in eine Problemlage, die sich in Anlehnung an die mustergültige geschichtliche Formulierung Kants folgendermaßen ausdrücken lässt: *Ist* Psychotherapie als wertende Psychotherapie möglich? Und: *Wie* ist Psychotherapie als wertende Psychotherapie möglich? Was also in der gegenwärtigen kritischen Situation der Psychotherapie wesentlich nottut, sind, um weiter mit Kant zu sprechen, sozusagen „Prolegomena zu einer Psychotherapie, die als wertende Psychotherapie wird auftreten können".

Aus dem geschilderten Dilemma hilft uns nun aber jene schlichte und doch umfassende Besinnung auf den tiefsten Gehalt menschlichen Daseins, auf den phänomenalen Urtatbestand menschlicher Existenz, deren Ansatz wir ja bei der oben skizzierten Grundlegung einer Existenzanalyse berührt haben. Gingen wir doch davon aus, dass das Verantwortlichsein neben dem (selbstverständlichen) Bewusstsein das menschliche Dasein ausmache. Die Verantwortlichkeit der menschlichen Person, betrachtet als anthropologischer Zentralbegriff, bedeutet aber auch einen ethischen Grenzbegriff, d. h. einen Begriff, der ethisch noch neutral ist. Wenn wir nämlich einen Menschen sein Dasein zutiefst als Verantwortlichsein verstehen lassen, wenn wir ihm somit seine Verantwortlichkeit als tragenden Grund seiner Existenz bewusst machen, so beinhaltet das für ihn schon eine unbedingte Verbindlichkeit zu wertender Stellungnahme, mit anderen Worten, der seiner Verantwortlichkeit bewusst gewordene Mensch ist irgendwie gezwungen, aus eben dieser Verantwortlichkeit heraus schlechthin zu werten; wie er aber wertet, welche Wertrangordnung er etwa aufstellen mag, das entzieht sich bereits der ärztlichen Einflussnahme. Ja wir werden sogar fordern müssen, dass er gerade aus seiner bewusst gewordenen Verantwortlichkeit heraus von sich aus, selbständig zu den seiner Individualität gemäßen („wahlverwandten" [Eliasberg]) Werten und Wertskalen vordringe, während andererseits wir es uns versagen müssen, auf diese konkreten Stellungnahmen bzw. auf die einzelnen Wertinhalte Ingerenz auszuüben.[3])

Sobald also nur einmal, im Rahmen eben jener geforderten Existenzanalyse, der Kranke seiner wesenhaften Verantwortlichkeit durch den Psychotherapeuten sich bewusst geworden ist, wird dieser, der Arzt, etwa die Lösung folgender zwei Hauptfragen dem Kranken selbst überlassen müssen: 1. *Vor wem* dieser sich verantwortlich fühle – z. B. ob vor dem eigenen Gewissen, oder: vor Gott – und 2. *wofür* er sich verantwortlich fühle, d. h., welchen konkreten Werten er dienend sich zuwendet, in welcher Richtung er den Sinn seines Lebens findet und welche Aufgaben ihn erfüllen.

Die Lösung dieser Fragen bleibt also auf jeden Fall dem Kranken selbst vorbehalten. Und wenn er, wie so viele geis-

---

3 Diese Auffassungen lassen sich von vielen Seiten her durch ähnlich lautende belegen. Jaspers spricht etwa vom „Sein als entscheidendem Sein"; Pfeiffer, in seinem Büchlein über Heidegger und Jaspers, bezeichnet ausdrücklich die „Verantwortlichkeit als Letztes". Im Besonderen hinsichtlich der Psychotherapie definierte Allers einmal (in einem Vortrag) die Psychotherapie als „Erziehung zur Anerkennung der Verantwortlichkeit". Und Kronfeld, der sich des oben besprochenen Dilemmas wohl bewusst ist, fordert, dass der Neurotiker „sich selbst gegenüber erhöht verantwortlich" werde. In Bezug auf die angedeutete Grenzsetzung für die wertende Psychotherapie verlangt J. H. Schultz, dass „der Kranke durch die Arbeit des Arztes ein Mensch werde eigenen Wesens, eigener Welt, eigener Verantwortung". Und auch Meinertz wünscht: „... nicht bestimmte Werte aufzeigen, bekehren; sondern helfen, zu seinen Werten, seiner Persönlichkeit angemessenen Möglichkeiten durchzustoßen." Ganz klar formuliert Oswald Schwarz den Sachverhalt (in einem privaten Schreiben). „Wir geben Haltungen und nie Inhalte."

tig differenziertere Persönlichkeiten, im Laufe der Psychotherapie sein Ringen um den Sinn seiner Existenz mit der Frage nach dem Sinn des Lebens uns offenbart, so werden wir ihm vor allem bewusst machen müssen, dass letztlich nicht er der Fragende ist, sondern eigentlich der Befragte; dass es dem Urtatbestand der Verantwortlichkeit im Dasein mehr entspräche, wenn er, statt stets nach dem Sinn des Lebens zu fragen, sich selbst als Befragten erlebte, als Menschen, dem das Leben seinerseits ständig Fragen stellt, als ein Wesen, hineingestellt mitten in eine Fülle von Aufgaben. Lehrt doch die Psychologie, dass Sinnentnahme auf einer höheren Entwicklungsstufe steht als Sinngebung. Zur persönlichen Fähigkeit jedoch, dem eigenen Leben in seiner Einzigartigkeit und Einmaligkeit Sinn zu entnehmen, zur Fähigkeit der selbständigen Sinnfindung also, haben wir Psychotherapeuten den Kranken zu bringen.

All das, was wir bisher besprochen haben, macht sozusagen den allgemeinen Teil einer Existenzanalyse aus, der nunmehr ergänzungsbedürftig ist durch deren speziellen Teil, unter dem wir uns jene Technik vorstellen, die mit den vielfältigsten Einwänden des Kranken fertig wird, und jene Dialektik, die die Auflehnung des Menschen gegen die vermeintliche Bürde des Verantwortlichseins, die Flucht vor seiner Freiheit, aufhebt. Vor allem wird es unter Umständen notwendig sein, das Aufzeigen der Verantwortlichkeit als eines Grundzuges menschlichen Daseins dem Verständnis des schlichten Menschen näherzubringen, in einer möglichst konkretisierenden Alltagssprache, die in manchen Fällen nicht scheuen darf, sich geeigneter Gleichnisse zu bedienen. Was hier und in weiterem folgt, ist selbstredend Produkt persönlicher Erfahrung in derartigen weltanschaulichen Diskussionen mit Kranken, es haftet alldem sonach nicht nur die Note des Praktischen, sondern naturgemäß andererseits auch der Charakter des

Fragmentarischen und Subjektiven an, wie eben aller persönlichen Empirie.

Um also, wie gesagt, dem schlichten Menschen des Alltags seine volle Verantwortlichkeit bewusst werden zu lassen, können wir ihn etwa darauf verweisen, wie er mit seinem persönlichen Leid, aber auch mit seinen vielfachen Möglichkeiten, es zu besiegen, ganz vereinzelt dasteht; diesen Herrn X.Y. oder diese Frau N.N. gibt es sozusagen im ganzen kosmischen Geschehen nur ein einziges Mal; und wie er bzw. sie mit ihrem Leben fertig wird, was diese Menschen tun oder auch unterlassen, das alles ist unwiederholbar und endgültig. Diese Menschen stehen mit ihrem Schicksal jeweils einzig da, niemand vermag es ihnen abzunehmen, die Aufgabe, es zu erfüllen, ist einzigartig und exklusiv. Aus diesem Bewusstsein der spezifischen Aufgabe jedes Einzelnen folgt dann automatisch das Bewusstsein der Verantwortung ihr gegenüber, ja mitunter geradezu das Gefühl einer gewissen Mission. Nichts aber vermag einen Menschen im Kampfe gegen Schwierigkeiten oder, wenn es darauf ankommt, im Ertragen des Unvermeidlichen stärker zu machen, als eben dieses Gefühl, eine einmalige Aufgabe zu haben und in deren Erfüllung unvertretbar zu sein.

Oder aber wir weisen den betreffenden Kranken an, sich einmal vorzustellen, sein Lebensablauf wäre ein Roman und er selbst eine entsprechende Hauptfigur; es läge dann aber ganz in seiner Hand, den Fortgang des Geschehens von sich aus zu lenken, sozusagen zu bestimmen, was im jeweils nächsten Kapitel zu folgen hat. Auch dann wird er statt der scheinbaren Last der Verantwortung, die er scheut und vor der er flüchtet, seine wesenhafte Verantwortlichkeit im Dasein als Freiheit der Entscheidung gegenüber einer Unzahl von Möglichkeiten des Handelns erleben. Noch intensiver können wir schließlich an den persönlichen Einsatz seiner Aktivität appellieren, wenn wir ihn dazu auffordern, sich vorzustellen, er sei an einem Endpunkt seines Lebens angelangt und im Begriffe, seine eigene Biographie zu verfassen; und eben jetzt halte er gerade bei jenem Kapitel, das von der Gegenwart handelt; und es liege nun, wie durch ein Wunder, ganz in seiner Hand, Korrekturen vorzunehmen; er dürfte gerade noch das, was unmittelbar darauf geschehen sollte, ganz frei bestimmen ... Auch das Vehikel dieses Gleichnisses wird ihn zwingen, aus dem vollen Gefühl seiner Verantwortlichkeit heraus zu leben und zu handeln.

Selbst am krankhaft-neurotischen Geschehen lässt sich noch nachweisen, wie die Verantwortlichkeit, wenn auch unbewusst, den Menschen in den Grundlagen seiner Person durchdringt. Denn die krankhaft übertriebene Todesangst manchen Neurotikers stellt in letzter Auflösung nichts anderes dar als eine Gewissensangst, und ich konnte in einem Einzelfalle einem Karzinophoben bewusst machen, dass sein lebhaftes und fast ausschließliches Interesse für seine künftige Todesart nur ein Überbau war für sein Desinteressement gegenüber der ganzen Art, in der er lebte, gegenüber seiner der Verantwortung nicht bewussten Lebensart. (So manche hypochondrische Neurose mag in diesem Sinne gleichsam eine Abspaltung der allgemeinen Todesangst = Gewissensangst auf ein einzelnes Organ vorstellen.)

Aber selbst dann, wenn wir den uns anvertrauten Kranken so weit gebracht haben, dass er seine wesenhafte Verantwortlichkeit im Dasein völlig anerkennt, gibt es noch eine Menge scheinbarer Gegenargumente und Ausflüchte vor der Freiheit.

So hören wir immer wieder die Behauptung, das Leben würde ja doch sinnlos in Anbetracht der Tatsache seiner zeitlichen Endlichkeit, also in Anbetracht des Todes.

Diesem Einwand vermögen wir jedoch ohne weiteres zu begegnen, wenn wir dem betreffenden Kranken folgende einfache Überlegung vor Augen führen: Wäre unser Dasein zeitlich unbegrenzt, so könnten wir mit Recht jede einzelne Handlung beliebig hinausschieben, es käme nie darauf an, sie eben jetzt zu tun, denn sie könnte gerade so gut morgen oder übermorgen oder in 100 Jahren geschehen. Gerade die Tatsache einer letzten Grenze des Lebens, also der Handlungsmöglichkeit, ist es ja, die uns zwingt, die Zeit auszunützen und eine Handlungsgelegenheit nicht ungenützt vorübergehen zu lassen. Es ist also gerade der Tod, der so dem Leben und unserem Dasein als etwas Einmaligem Sinn verleiht.

Aber nicht bloß die zeitliche Endlichkeit unserer Existenz wird als scheinbares Gegenargument vorgebracht, sondern auch die Endlichkeit, Beschränkung der menschlichen Person in Bezug auf ihre Fähigkeiten und Anlagen, sozusagen die Tatsache der Individuation: dass wir nicht allseitig sind, sondern unvollkommen, befangen darin, was Simmel den „Fragmentcharakter des Lebens“ nennt. Aber auch dieser Einwand gegen die Sinnhaftigkeit unseres Lebens lässt sich widerlegen, wenn wir nur imstande sind, die Individuation als durchaus sinngebendes Prinzip darzustellen. Dies mag wiederum mit einem schlichten Gleichnis, der Biologie entnommen, geschehen: Auf je niedrigerer biologischer Entwicklungsstufe ein mehrzelliges Lebewesen steht, je geringer seine einzelnen Zellen differenziert sind, umso eher ersetzlich wird jede einzelne dieser Zellen sein. Erst die hochdifferenzierte Zelle im Verbande des hierarchisch gegliederten Zellenstaates erscheint uns relativ unersetzlich, zumindest nicht wahllos vertretbar durch eine andere Zellart. Mit anderen Worten, um den Preis ihrer Omnipotenz erkauft sich diese hochdifferenzierte Zelle die Wichtigkeit und Bedeutsamkeit innerhalb des Ganzen, des auf dem Prinzip der Arbeitsteilung aufgebauten Organismus. Analog ist es gerade unsere Unvollkommenheit, ja unsere Einseitigkeit, die die Einzigartigkeit unserer Person, die unsere ganze Individualität ausmacht. So wie in einem Mosaik jedes einzelne Teilchen nur dadurch und insofern unersetzlich ist, als kein anderes seine Form und Farbe hat, so ist auch der Einzelne in der Gemeinschaft gerade vermöge seiner unvollkommenen und einseitigen Begabung und Fähigkeiten ein absolut wertvolles Glied dieses höheren Ganzen. (Auf diese Weise lässt sich die Gemeinschaft – über ihre gefühlsmäßige Gegebenheit hinaus – als etwas Aufgegebenes, als wesenhafte Aufgabe im menschlichen Dasein rechtfertigen).

Es gäbe natürlich noch eine große Reihe weiterer Einwände, deren Beseitigung mitunter dem Arzte obliegt, sobald er sich einmal auf die Ebene derartiger weltanschaulicher Diskussionen mit seinen Kranken gewagt hat. Es gehört aber nicht in den Rahmen dieser Ausführungen zur allgemeinen Problematik der Psychotherapie und zur Grundlegung einer allgemeinen Existenzanalyse, noch mehr Meritorisches zu deren speziellen Teilen beizutragen. Wir kehren daher zu allgemeineren Fragen zurück und wollen nun feststellen, dass der existenzanalytische Versuch, die Psychotherapie bis zu ihren weltanschaulichen Konsequenzen zu führen, nur selten und in Ausnahmefällen die bisherige psychotherapeutische Technik ersetzt, im Allgemeinen vielmehr bloß eine, wenn auch unter Umständen wichtige, Ergänzung darstellt. Aber auch diese Ergänzung ist an sich kein Novum: Jeder gute Psychotherapeut hat mehr oder minder bewusst in seiner Praxis derartige weltanschauliche Gesichtspunkte schon berücksichtigt; de facto! Aber unsere Frage lautete ja, ob und inwieweit de jure. Und unser Bemühen galt ja der methodischen Abgrenzung einer Psychotherapie „vom

Geistigen her", um die Gefahr willkürlicher Grenzüberschreitung zu bannen.

Lange Zeit war Weltanschauung immer nur Objekt seelenärztlichen Handelns, man verfiel in den Fehler des Psychologismus und glaubte sogar, von einer „Psychopathologie der Weltanschauung" sprechen zu können. Man bedachte hierbei nicht, dass etwa die Herleitung eines pessimistischen oder fatalistischen Weltbildes aus einem Minderwertigkeitsgefühl genauso eine inadäquate Kritik darstellt, wie wenn man einem Menschen, der am Sinn des Lebens zweifelt und verzweifelt, raten wollte, durch eine Arsenkur sein körperliches Befinden zu bessern. Was nottut, ist eine immanente Kritik der Lebensauffassung des Kranken, was zur Voraussetzung hat, dass wir prinzipiell bereit sind, auf rein weltanschaulicher Basis die Diskussion aufzunehmen. Es gibt also keine Psychotherapie der Weltanschauung und kann eine solche a priori niemals geben; wohl aber ist Weltanschauung als Psychotherapie möglich und, wie wir gezeigt haben, gelegentlich auch nötig. Ähnlich der Überwindung des Psychologismus innerhalb der Philosophie durch den Logizismus wird es also darauf ankommen, innerhalb der Psychotherapie die bisherigen psychologistischen Abweichungen durch eine Art *Logotherapie* zu überwinden, das hieße durch das Einbeziehen weltanschaulicher Auseinandersetzungen in das Gesamt der psychotherapeutischen Behandlung – wenn auch in der oben dargelegten bedingten, begrenzten – neutralen Form. Nämlich in Form eben einer Existenzanalyse, die ausgeht vom unleugbaren Urtatbestand menschlicher Verantwortlichkeit als Wesen menschlicher Existenz und abzielt auf nicht mehr und nicht weniger als die restlose Anerkennung dieses Tatbestandes seitens des Kranken, um von diesem Punkte aus zu dessen geistiger Verankerung beizutragen, ihm den Halt am Geistigen zu geben.

In vielen Fällen mag eine derartige existenzanalytisch orientierte Psychotherapie durchaus die Bezeichnung einer „unspezifischen“ Therapie verdienen, d.h., sie wird unter Umständen dem betreffenden Kranken helfen, ohne dass sie an der jeweiligen konkreten Ursache seines Leidens ansetzte. Wir wissen aber, dass zum großen Teil *alle* Psychotherapie unspezifisch vorgeht. Neuerdings wird ja von vielen Seiten zugegeben, dass Psychogenese eines Symptoms einerseits und Indikation zu dessen Psychotherapie andererseits nicht unbedingt einander decken müssen. So ist es beispielsweise bekannt, dass gewisse Formen von Warzenbildung ohne weiteres einer Suggestivbehandlung zugänglich sind, und doch wird niemand ernstlich daran glauben, dass es sich in den betreffenden Fällen um eine psychische Verursachung gehandelt hätte; andererseits wird man so manchen Fall von Schlaflosigkeit auf Grundlage eines Circulus vitiosus, nämlich bloßer Erwartungsangst, obzwar nachweislich seelisch bedingt, dennoch durch medikamentöse Beeinflussung – die den Zirkel durchbricht – in statu nascendi beseitigen. So mancher erfahrene Psychotherapeut weiß heute, dass etwa die von der Psychoanalyse als pathogen hingestellten „Komplexe“ mehr oder minder ubiquitäre Erscheinungen darstellen – und doch gelingt ja immer wieder die Heilung der Neurosen aus psychoanalytischer Erfassung des Symptoms. Andererseits bin ich überzeugt, dass so manche individualpsychologische Therapie ihren Effekt weniger der Aufdeckung realer Zusammenhänge verdankt als vielmehr einem radikalen Appellieren an die Moralität des Kranken, der es gleichsam nicht länger „auf sich sitzen lassen“ will, dass der Arzt ihn etwa als Tyrannen oder Lebensfeigling hinstellt, und lieber mit dem letzten Rest von Energie das so gedeutete Symptom überwindet.

Es besteht also allenthalben eine Inkongruenz zwischen Psychogenese und Indikation zur Psychotherapie und wir werden es daher auch verstehen und gelten lassen, dass eine psychotherapeutische Behandlung auf Grund existenzanalytischen Vorgehens gelegentlich eine unspezifische Behandlung bedeutet. Denn es wird sich mitunter auch zeigen, dass der existenzanalytische Ansatz am Weltanschaulichen, das therapeutische Bemühen vom Geistigen her, sozusagen der ökonomischere Weg ist. Ich erinnere mich beispielsweise einer Frau, die an zwangsneurotischen Erscheinungen litt (sog. blasphemischer Zwang) und kurz vor einer dauernden Übersiedlung ins Ausland eine Beratungsstelle aufsuchte. Angesichts der Kürze der zur Verfügung stehenden Zeit konnte naturgemäß von einer eigentlichen Behandlung keine Rede sein, es ergab sich vielmehr, dass die Unterredung mit der Kranken alsbald in den Bahnen einer allgemein gehaltenen, vorwiegend die weltanschauliche Einstellung berücksichtigenden Aussprache verlief. Umso erstaunter war ich, als die betreffende Kranke, unmittelbar vor ihrer Abreise nochmals in der Beratungsstelle erscheinend, erklärte, sie sei „geheilt", und anscheinend damit sagen wollte, dass sie unter dem Symptom zumindest nicht mehr *leide*. Auf die Frage, wie sie das denn zuwege gebracht habe, meinte sie ganz schlicht und wörtlich: „Wissen Sie, es ist mir gleichgültiger geworden – ich habe mir das Leben als Pflicht vorgestellt!" Natürlich ist das ein Einzelfall, immerhin aber ein unbeabsichtigtes Experiment, das ein Schlaglicht auf die in Frage stehende Bedeutung einer weltanschaulichen Umstellung für so manche Formen der Neurose wirft.

Fragen wir uns nunmehr zusammenfassend, in welchen Fällen eine Psychotherapie im Sinne der geforderten und entworfenen Existenzanalyse ausgesprochen indiziert erscheint, dann können wir sagen:

1. in all jenen Fällen vor allem, in denen der Kranke seine weltanschauliche Not, seine geistige Haltlosigkeit und sein Ringen um die Sinnfindung seines Lebens uns aufdrängt. Es wird sich dabei begreiflicherweise namentlich um intellektuelle Typen handeln, die ihre ganze seelische Not sozusagen in die geistige Sphäre transponiert haben, in die wir ihnen aber, wie wir gesehen haben, bis zu einer bestimmten neutralen Grenze, unter Vermeidung jedes weltanschaulichen Oktrois folgen dürfen und sollen.
2. wird die Indikation zu einem „logotherapeutischen“ Vorgehen auf existenzanalytischer Grundlage in jenen Fällen gegeben sein, in denen wir erwarten dürfen, dass der Ansatz sozusagen im geistigen Zentrum der Person schlagartig den Kranken befähigen wird, den Ballast leichtgradiger neurotischer Symptome über Bord zu werfen; es handelt sich dann also um jene Kranken, die uns wohl nicht zu weltanschaulichen Diskussionen drängen, die ihnen aber anscheinend gewachsen sind. (Als ich einmal in einem derartigen Fall wie zufällig auf die weltanschauliche Frage bzw. die Lebensauffassung des Betreffenden zu sprechen kam, unterbrach er mich plötzlich ganz erschüttert mit den Worten: „Das ist der *Nervus Rerum*, Herr Doktor!“)
3. erfordern ein Eingehen auf weltanschauliche Fragestellungen all jene Fälle, die wesentlich an einem unüberwindbaren Faktum, einem unvermeidbaren Schicksal leiden: Behinderte – Sieche – und Menschen, bei denen eine in absehbarer Zeit unveränderliche, nämlich rein wirtschaftliche Notlage den Grund zu Depressionen gab. Solche Menschen müssen nämlich vor allem auch auf die Tatsache verwiesen werden, dass es in einem verantwortungsbewussten Leben nicht immer nur auf ein schöpferisches Verwirklichen von Werten ankommt

oder auf ein Sicherfüllen im Erleben (Kunst-, Naturgenuss), sondern dass es noch eine letzte Kategorie von Wertmöglichkeiten gibt, die wir ganz allgemein Einstellungswerte nennen wollen; d.h., die Frage, wie sich ein Mensch zu einem dauernd oder vorderhand unabwendbaren, eben schicksalhaften Tatbestand verhält, ergibt noch immer eine Chance der Wertverwirklichung: Wie man das Schicksal – soweit es wirklich schicksalhaft ist – trägt, ob man sich etwa niederringen lässt oder aber Haltung bewahrt – auch das beinhaltet noch eine letzte Möglichkeit, persönliche Werte (Tapferkeit, Mut, Würde) zu verwirklichen. Wir brauchen nur einen Menschen, der beispielsweise durch eine Amputation um eines seiner Beine gekommen ist, ernstlich zu fragen, ob er denn glaube, dass der Sinn des Lebens darin liege, möglichst gut zu gehen; ob er etwa glaube, dass das menschliche Leben so arm an Wertmöglichkeiten sei, dass es durch den Verlust einer Extremität sinnlos werden könnte, – und er wird keinesfalls mehr so verzweifeln können, als er zu müssen glaubte. Besondere Bedeutung kommt aber einer derartigen philosophischen Besinnung auf Verantwortlichkeit und Wertmöglichkeiten in jenen Fällen zu, wo wirtschaftliche Not den Menschen in jene typische Apathie und Unerfülltheit versetzt hat, die man füglich als *Arbeitslosigkeitsneurose* bezeichnen könnte; denn wir wissen aus entsprechenden psychologischen Erfahrungen (vor allem an jugendlichen Arbeitslosen), wie wichtig es ist, die leider allzu viel vorhandene Freizeit durch freiwillig und passend gewählte geistige Inhalte und Zielsetzungen auszufüllen.

Die Geburtsstunde der Psychotherapie hatte geschlagen, als man daranging, hinter *körperlichen* Symptomen die *seelischen* Ursachen zu sehen, also ihre Psychogenese zu entdecken; nun heißt es aber, noch einen letzten Schritt weiter zu tun und hinter dem Psychogenen, über alle Affektdynamik der Neurosen hinaus, den Menschen in seiner *geistigen* Not zu schauen, um von hier aus in jenem Sinne zu helfen, dessen methodische Möglichkeiten wir eingangs darzustellen versucht haben.[4])

---

4 Diesen Dreischritt möglicher therapeutischer Einstellung an ein und demselben „Fall“ durchgeführt zu sehen, war mir einmal zufällig möglich und erscheint mir besonders lehrreich. Eine Patientin lag wegen einer typischen periodisch rezidivierenden Depression durchaus endogenen Charakters in einer Nervenheilanstalt. Sie erhielt die übliche Opiummedikation, also eine medikamentöse Behandlung angesichts der organischen Bedingtheit der Symptome. Als sie nun einmal in einem weinerlichen Erregungszustand angetroffen wurde, stellte sich zufällig heraus, dass eine psychogene Komponente mit im Spiele war, dass nämlich ein psychischer Überbau insofern vorhanden war, als Pat. nachweislich auch über das Weinenmüssen weinte, allgemein: wegen der schicksalhaft auftretenden endogenen Depression, über diese hinaus noch psychogen deprimiert war. Eine einfache entsprechende Aufklärung dieses Sachverhaltes vermochte das Weinen einzuschränken und die Depression zu vermindern. Es war also der Schritt von der am körperlichen ansetzenden medikamentösen Therapie zu einer ergänzenden exquisiten Psychotherapie vollzogen. Einmal in ihrer seelischen Not dem ärztlichen Verständnis nähergebracht, begann nunmehr Pat. über ihre allgemeinsten Lebensfragen öfters mit dem Arzte zu sprechen und es enthüllte sich ihre ganze geistige Not: die ganze vermeintliche Inhaltsarmut und scheinbare Sinnlosigkeit der Existenz eines Menschen, der sich eben durch das Schicksal rezidivierender endogener Depressionen gehandicapt fühlt! Alsbald ergaben sich von selbst weltanschaulich gehaltene Gespräche, die die Kranke mit der Zeit zu tiefstem Verständnis ihres Daseins als Verantwortlichsein führten, und statt wegen ihrer Depressionen zu verzweifeln, lernte sie es, nicht nur trotz ihrer Verstimmungszustände sich ein Leben voll persönlichster Aufgaben aufzubauen, sondern auch gerade in diesen schicksalhaften Verstimmungszuständen noch eine Aufgabe mehr zu sehen, die Aufgabe: unter möglichst geringer Krafteinbuße und möglichst geringem Wertverlust damit fertig zu werden.

DER AUTOR

Viktor E. Frankl (1905–1997) war Professor für Neurologie und Psychiatrie an der Universität Wien und 25 Jahre hindurch Vorstand der Wiener Neurologischen Poliklinik. Die von ihm begründete „Logotherapie/Existenzanalyse" wird auch als „Dritte Wiener Richtung der Psychotherapie" bezeichnet. Er lehrte an der Harvard University sowie an den Universitäten Stanford, Dallas und Pittsburgh und war Professor für Logotherapie an der U.S. International University in San Diego, Kalifornien. Frankls 39 Bücher sind bisher in 43 Sprachen erschienen. Die englische Fassung von „... trotzdem Ja zum Leben sagen" erzielt Millionenauflagen und wurde in die Liste der „zehn einflussreichsten Bücher in Amerika" aufgenommen.

DER ÜBERSETZER

Franz Vesely ist Professor für Theoretische Physik an der Universität Wien. Gemeinsam mit seiner Frau, der Tochter Viktor Frankls, gründete er 1992 die wissenschaftliche Gesellschaft „Viktor-Frankl-Institut", deren Zeitschrift er durch sechs Jahre als Chefredakteur leitete. Er verwaltet den im „Viktor-Frankl-Archiv" gesammelten schriftlichen Nachlass des Autors.